LA COMTESSE
DE CHARNY

PAR

ALEXANDRE DUMAS.

5

PARIS
ALEXANDRE CADOT, ÉDITEUR,
37, RUE SERPENTE.

1852

LA COMTESSE DE CHARNY.

LA COMTESSE
DE CHARNY

PAR

ALEXANDRE DUMAS.

5

PARIS
ALEXANDRE CADOT, ÉDITEUR,
37, RUE SERPENTE.

1852

Ouvrages de G. de La Landelle.

Falkar le Rouge	5 vol.
Le Morne aux Serpents	2 vol.
Les Iles de Glace	4 vol.
Une Haine à Bord	2 vol.
Les Princes d'Ébène	5 vol.

Ouvrages de Xavier de Montépin.

Les Oiseaux de Nuit	5 vol.
Le Vicomte Raphaël	5 vol.
Mignonne	3 vol.
Brelan de Dames	4 vol.
Le Loup noir	2 vol.
Confessions d'un Bohême	5 vol.
Les Amours d'un Fou	4 vol.
Pivoine	2 vol.
Les Viveurs d'autrefois	4 vol.
Les Chevaliers du Lansquenet	10 vol.

Sous presse.

Mademoiselle Kérovan.

Ouvrages d'Alexandre Dumas fils.

Tristan le Roux	3 vol.
La Dame aux camélias	1 vol.
Aventures de quatre femmes	6 vol.
Le docteur Servans	2 vol.
Le Roman d'une femme	4 vol.
Césarine	1 vol.

Sous presse.

Les Amours véritables.

Impr. de E. Dépée, à Sceaux (Seine).

LA COMTESSE
DE CHARNY

PAR

ALEXANDRE DUMAS.

5

PARIS
ALEXANDRE CADOT, ÉDITEUR,
37, RUE SERPENTE.
—
1852

Ce que c'est que le hasard.

(Suite et fin.)

— Alors, ce sont les vingt-cinq louis que vous avez sur vous? demanda l'armurier.

— Non, ceux-là, c'en est d'autres... les vingt-cinq premiers, ça n'était qu'un à-compte.

— Peste! cinquante louis pour retoucher une serrure! Il y a du mic-mac là-dessous, maître Gamain!

— C'est aussi ce que je me dis... d'autant plus, voyez-vous, que le compagnon....

— Eh bien, le compagnon?

— Eh bien, ça m'a l'air d'un faux compagnon...J'aurais dû le questionner, lui demander des détails sur son tour de France, et comment s'appelle la mère à tous...

— Cependant, vous n'êtes pas homme à vous tromper, quand vous voyez un apprenti à l'ouvrage?

— Je ne dis pas... Celui-ci maniait assez bien la lime et le ciseau ; je l'ai vu couper, à chaud, une barre de fer d'un seul coup, et percer un œillet avec une queue-de-rat, comme il eût fait avec une vrille dans une latte ; mais, voyez-vous, il y avait, dans tout cela, plus de théorie que de pratique. Il n'avait pas plus tôt fini son ouvrage qu'il se lavait les mains, et il ne se lavait pas plus tôt les mains, qu'elles devenaient blanches.... Est-ce que ça blanchit comme ça, des vraies mains de serrurier?... Ah bien, bon ! j'aurais beau laver les miennes, moi !

Et Gamain montra avec orgueil ses mains noires et calleuses, qui, en effet, semblaient défier toutes les pâtes d'amande et tous les savons de la terre.

— Mais, enfin, reprit l'inconnu ramenant le serrurier au fait qui lui paraissait le plus intéressant, arrivé chez le roi, qu'y avez-vous fait ?

— Il paraît, d'abord, que nous y étions attendus... On nous a fait entrer dans la forge ; là, le roi m'a donné une serrure pas mal commencée, ma foi ! mais il s'était embrouillé dans les barbes... Une serrure à trois barbes, voyez-vous, il n'y a pas beaucoup de serruriers capables de faire cela, et des rois à plus forte raison, comme vous comprenez bien. Je l'ai regardée, j'ai vu le joint, j'ai dit : « C'est bon ; laissez-moi seul une heure, et, dans une heure, ça marchera sur des roulettes ! » Alors, le roi m'a répondu : « Va, Gamain, mon ami, tu es chez toi ; voilà les limes, voilà les étaux : travaille, mon garçon, travaille... nous, nous allons préparer l'armoire. » Sur quoi, il est sorti avec ce diable de compagnon...

— Par le grand escalier ? demanda négligemment l'armurier.

— Non, par le petit escalier secret qui donne dans son cabinet de travail. Moi, quand j'ai eu fini, je me suis dit : « L'armoire est une frime ; ils sont enfermés ensemble à manigancer quelque complot... Je vas descendre tout doucement ; j'ouvrirai la porte du cabinet, vlan ! et je verrai un peu ce qu'ils font ! »

— Et que faisaient-ils? demanda l'inconnu.

— Ah bien! oui, ils écoutaient probablement... Moi, je n'ai pas le pas d'un danseur, vous comprenez ; j'avais beau me faire le plus léger possible, l'escalier craquait sous mes pieds. Ils m'ont entendu ; ils ont fait comme s'ils venaient au-devant de moi, et, au moment où j'allais mettre la main sur le bouton de la porte, crac! la porte s'est ouverte... Qui est-ce qui a été enfoncé? Gamain!

— De sorte que vous ne savez rien?

— Attendez donc... « Ah! ah! Gamain, a dit le roi, c'est toi? — Oui, Sire, ai-je répondu, j'ai fini. — Et, nous aussi, nous avons fini, a-t-il dit. Viens, je vais te donner, maintenant, une autre besogne. » Et il m'a fait traverser rapidement le cabinet; mais pas si rapidement, cependant, que je n'aie vu, étendu tout au long sur une table, une grande carte que je crois être une carte de France, attendu qu'elle avait trois fleurs de lys à un de ses coins.

— Et vous n'avez rien remarqué de particulier à cette carte de France?

— Si fait... trois longues files d'épingles qui partaient du centre, et qui, en se côtoyant à quelque distance les unes des autres, s'avançaient vers l'extrémité; on aurait dit des soldats marchant à la frontière par trois routes différentes.

— En vérité, mon cher Gamain, dit l'inconnu jouant l'admiration, vous êtes d'une perspicacité à laquelle rien n'échappe !... Et vous croyez qu'au lieu de s'occuper de leur armoire, le roi et votre compagnon venaient de s'occuper de cette carte ?

— J'en suis sûr, dit Gamain.

— Vous ne pouvez pas être sûr de cela.

— Si fait.

— Comment ?

— C'est bien simple : les épingles avaient des têtes en cire,—les unes en cire noire, les autres en cire bleue, les autres en cire rouge ; — eh bien, le roi tenait à la main, et se nettoyait les dents, sans y faire attention, avec une épingle à tête rouge.

— Ah ! Gamain, mon ami, dit l'inconnu, si je découvre quelque nouveau système d'armurerie, je ne vous ferai pas entrer dans mon cabinet, ne fût-ce que pour le traverser, je vous en réponds... ou je vous banderai les yeux comme le jour où l'on vous a conduit chez le grand seigneur en question ; — et encore, malgré vos yeux bandés, vous êtes-vous aperçu que le perron avait dix marches, et que la maison donnait sur le boulevard !

— Attendez-donc, dit Gamain, enchanté des éloges qu'il recevait, vous n'êtes pas au bout ! — Il y avait réellement une armoire.

— Ah ! ah !... et où cela ?

— Ah ! oui, où cela ? Devinez un peu... creusée dans la muraille, mon cher ami !

— Dans quelle muraille ?

— Dans la muraille du corridor intérieur qui communique de l'alcôve du roi à la chambre du dauphin !

— Savez-vous que c'est très curieux, ce que vous me dites-là ! Et cette armoire était, comme cela, tout ouverte?

— Je vous en souhaite ! c'est-à-dire que j'avais beau regarder de tous mes yeux, je ne voyais rien, et je disais : « Eh bien, cette armoire, où est-elle donc ? » Alors, le roi jeta un coup d'œil autour de lui, et me dit : « Gamain, j'ai toujours eu confiance en toi ; aussi je n'ai pas voulu qu'un autre que toi connût mon secret... Tiens ! » Et, en disant ces mots, tandis que l'apprenti nous éclairait,—car le jour ne pénètre pas dans ce corridor, — le roi leva un panneau de la boiserie, et j'aperçus un trou rond ayant deux pieds de diamètre à peu près à son ouverture. Puis, comme il voyait mon étonnement : « Mon ami, dit-il en clignant de l'œil à notre compagnon, tu vois bien ce trou, je l'ai fait pour y cacher de l'argent; ce jeune homme m'a aidé pendant les quatre ou cinq jours qu'il a passés au château. Maintenant, il faut appliquer la serrure à cette porte de fer, laquelle doit clore de manière à ce que le panneau reprenne sa place et la dissimule comme il dissimulait le trou. As-tu besoin d'un aide? ce jeune homme t'aidera; peux-tu te passer de lui? alors, je l'emploierai ailleurs, mais toujours pour mon service. — Oh! répondis-je, vous savez bien que, quand je puis faire une besogne tout seul, je ne demande pas d'aide. Il y a ici quatre heures d'ouvrage pour un bon ouvrier, et, moi, je suis maître, ce qui veut dire que, dans trois heures, tout sera fini... Allez donc à vos affaires, jeune homme, et, vous, aux vôtres, Sire ; et, si vous avez quelque chose à cacher là, revenez dans trois heures. » Il faut croire, comme le disait le roi, qu'il avait, pour notre compagnon, de l'emploi ailleurs, car je ne l'ai pas revu. Le roi seul, au bout des trois heures, est venu me demander : « Eh bien ; Gamain, où en sommes-nous ? — N, i, ni, c'est fini, Sire ! » lui ai-je répondu, et je lui ai fait voir la porte, qui marchait que c'était un plaisir, sans jeter le plus petit cri, et la serrure, qui jouait comme un automate de M. Vaucanson ! « Bon ! m'a-t-il dit alors, Gamain, tu vas m'aider à compter l'argent que je veux cacher là-dedans. » Et il a fait apporter quatre sacs de doubles louis par le valet de chambre, et il m'a dit : « Comptons ! » Alors, j'en ai compté pour un million et lui pour un million ; après quoi, comme il en restait vingt-cinq de mécompte : « Tiens, Gamain, a-t-il dit, c'est pour ta peine. » Comme si ce n'était pas une honte que de faire compter pour un million de louis à un pauvre homme qui a cinq enfants, et de lui en donner vingt-cinq en récompense !... Hein ! qu'en dites-vous ?

L'inconnu fit un mouvement des lèvres.

— Le fait est que c'est bien mesquin ! dit-il.

— Attendez donc, ce n'est pas le tout. Je prends les vingt-cinq louis, je les mets dans ma poche, et je dis : « Merci bien, Sire ! mais, avec tout cela, je n'ai ni bu ni mangé depuis le matin, et je crève de soif, moi ! » Je n'avais pas achevé que la reine entre par une porte masquée ; de sorte que, tout d'un coup, comme cela, sans dire gare, elle se trouve devant moi. Elle tenait à la main une assiette sur laquelle il y avait un verre de vin et une brioche. « Mon cher Gamain, me dit-elle, vous avez soif, buvez ce verre de vin ; vous avez faim, mangez cette brioche. — Ah ! je lui dis en la saluant, madame la reine, il ne fallait pas vous déranger pour moi, ce n'était pas la peine.» Dites-donc, que pensez-vous de cela ? un verre de vin à un homme qui dit qu'il a soif, et une brioche à un homme qui dit qu'il a faim! Qu'est-ce qu'elle veut qu'on fasse de ça, la reine? On voit bien que ça n'a jamais eu faim et jamais eu soif... Un verre de vin! si cela ne fait pas pitié!

— Alors, vous l'avez refusé?

— J'aurais mieux fait de le refuser... non, je l'ai bu; quant à la brioche, je l'ai entortillée dans mon mouchoir, et je me suis dit : « Ce qui n'est pas bon pour le père est bon pour les enfants! » Puis j'ai remercié Sa Majesté comme cela en valait la peine, et je me suis mis en route en jurant qu'ils ne m'y reprendraient plus, aux Tuileries!

— Et pourquoi dites-vous que vous eussiez mieux fait de refuser le vin?

— Parce qu'il faut qu'ils aient mis du poison dedans... A peine ai-je eu dépassé le Pont-Tournant, que j'ai été pris d'une soif, mais d'une soif... c'est au point qu'ayant la rivière à ma gauche et les marchands de vin à ma droite, j'ai hésité un instant si je n'irais pas à la rivière... Ah! c'est là où j'ai vu la mauvaise qualité du vin qu'ils m'avaient donné! Plus je buvais, plus j'avais soif! Ça a duré comme cela jusqu'à ce que j'aie perdu connaissance. Aussi, ils peuvent être tranquilles, si jamais je suis appelé en témoignage contre eux, je dirai qu'ils m'ont donné vingt-cinq louis pour m'avoir fait travailler quatre heures et compter un million, et que, de peur que je ne dénonce l'endroit où ils cachent leur trésor, ils m'ont empoisonné comme un chien (1)!...

— Et moi, mon cher monsieur Gamain, dit en se levant l'armurier, qui savait sans doute ce qu'il voulait savoir, j'appuierai votre témoignage en disant que c'est moi qui vous ai donné le contrepoison grâce auquel vous avez été rappelé à la vie.

— Aussi, dit Gamain en prenant les mains de l'inconnu, entre nous deux désormais, c'est à la vie, à la mort!

Et, refusant, avec une sobriété toute spartiate le verre de vin que, pour la

(1) Ce fut, en effet, l'accusation que ce misérable porta devant la Convention contre la reine.

troisième ou quatrième fois, lui présentait cet ami inconnu auquel il venait de jurer une tendresse éternelle, Gamain, sur lequel l'ammoniaque avait fait son double effet en le dégrisant instantanément, et en le dégoûtant pour vingt-quatre heures du vin, Gamain reprit la route de Versailles, où il arriva sain et sauf à deux heures du matin, avec les vingt-cinq louis du roi dans la poche de sa veste, et la brioche de la reine dans la poche de son habit.

Resté derrrière lui dans le cabaret, le faux armurier avait tiré de son gousset des tablettes d'écaille incrustée d'or, et y avait crayonné cette double note :

Derrière l'alcôve du roi, dans le corridor

noir conduisant à la chambre du dauphin, — armoire de fer.

S'assurer si ce Louis Lecomte, garçon serrurier, ne serait pas tout simplement le comte Louis, fils du marquis de Bouillé, arrivé de Metz depuis onze jours.

II

La Machine de M. Guillotin.

Le surlendemain, grâce aux ramifications étranges que Cagliostro possédait dans toutes les classes de la société, et jusque dans le service du roi, il savait que le comte Louis de Bouillé était arrivé à Paris le 15 ou le 16 novembre ; avait été découvert par M. de La Fayette, son cousin, le 18 ; avait été présenté par lui au roi, le même jour ; s'était offert comme compagnon serrurier à Gamain, le 22 ; était resté chez lui trois jours ; le quatrième jour, était parti avec lui de Versailles pour Paris ; avait été introduit sans difficulté près du roi ; était sorti des Tuileries deux heures avant Gamain ; était rentré dans le logement qu'il occupait chez son ami Achille de Chastelier ; avait immédiatement changé de costume, et, le même soir, était reparti en poste pour Metz.

D'un autre côté, le lendemain de la conférence nocturne qui avait eu lieu, dans le cimetière Saint-Jean, entre lui et M. de Beausire, il avait vu celui-ci

accourir tout effaré à Bellevue, chez le
banquier Zannone. En rentrant du jeu, à
sept heures du matin, après avoir perdu
jusqu'à son dernier louis, malgré la mar-
tingale infaillible de M. Law, maître
Beausire avait trouvé la maison parfaitement vide : mademoiselle Oliva et
le jeune Toussaint avaient disparu !

Alors, il était revenu dans la mémoire de Beausire que le comte de Cagliostro avait refusé de sortir avec lui,
déclarant qu'il avait quelque chose de
confidentiel à dire à mademoiselle Oliva.
C'était une voie ouverte au soupçon :
mademoiselle Oliva avait été enlevée
par le comte de Cagliostro ! En bon
limier, M. de Beausire avait mis le nez

sur cette voie, et l'avait suivie jusqu'à Bellevue. Là, il s'était nommé, et aussitôt avait été introduit près du baron Zannone, ou du comte de Cagliostro, comme il plaira au lecteur d'appeler, pour le moment, sinon le personnage principal, au moins la cheville ouvrière du drame que nous avons entrepris de raconter.

Introduit dans le salon que nous connaissons pour y avoir vu entrer, au commencement de cette histoire, le docteur Gilbert et le marquis de Favras, et se trouvant en face du comte, M. de Beausire hésita : le comte lui paraissait un si grand seigneur, qu'il n'osait pas même lui réclamer sa maîtresse.

Mais, comme s'il eût pu lire au plus profond du cœur de l'ancien exempt :

— Monsieur de Beausire, lui dit Cagliostro, j'ai remarqué une chose : c'est que vous n'avez au monde que deux passions réelles, — le jeu et mademoiselle Oliva.

— Oh! monsieur le comte, s'écria Beausire, vous savez donc ce qui m'amène?

— Parfaitement. Vous venez me redemander mademoiselle Oliva. Elle est chez moi.

— Comment! elle est chez monsieur le comte?

— Oui, dans mon logis de la rue Saint-Claude ; elle y a retrouvé son ancien appartement ; et, si vous êtes bien sage, si je suis content de vous, si vous me donnez des nouvelles qui m'intéressent ou qui m'amusent, eh bien, ce jour-là, monsieur de Beausire, nous vous mettrons vingt-cinq louis dans votre poche, pour aller faire le gentilhomme au Palais-Royal, et un bel habit sur le dos, pour aller faire l'amoureux rue Saint-Claude.

Beausire avait eu bonne envie d'élever la voix et de réclamer mademoiselle Oliva ; mais Cagliostro avait dit deux mots de cette malheureuse affaire de l'ambassade de Portugal, qui était toujours suspendue sur la tête de l'ancien exempt comme l'épée de Damoclès, et Beausire s'était tu.

Alors, sur le doute manifesté par lui que mademoiselle Oliva fût à l'hôtel de la rue Saint-Claude, M. le comte avait ordonné d'atteler, était revenu avec M. de Beausire à l'hôtel du boulevard, l'avait introduit dans le *sanctum sanctorum*, et, là, en déplaçant un tableau, il lui avait fait voir, par une ouverture habilement ménagée, mademoiselle Oliva, mise comme une reine, lisant, dans une grande causeuse, un de ces mauvais livres si communs à cette époque, et qui faisaient, quand elle avait le bonheur d'en rencontrer, la joie de l'ancienne femme de chambre de mademoiselle de

Taverney, tandis que M. Toussaint, son fils, vêtu, comme un fils de roi, d'un chapeau blanc à la Henri IV retroussé avec des plumes, et d'un pantalon-matelot bleu de ciel retenu par une ceinture tricolore frangée d'or, jouait avec de magnifiques joujoux.

Alors, M. de Beausire avait senti se dilater son cœur d'amant et de père ; il avait promis tout ce qu'avait voulu le comte, et le comte, fidèle à sa parole, avait permis, les jours où M. de Beausire apportait quelque intéressante nouvelle, qu'après en avoir reçu, en or, le paiement de sa main, il allât en chercher le prix, en amour, dans les bras de mademoiselle Oliva.

Tout avait donc marché selon les désirs du comte, et nous dirons presque selon ceux de M. de Beausire, quand, vers la fin du mois de décembre, à une heure fort indue pour cette époque de l'année, c'est-à-dire à six heures du matin, le docteur Gilbert, déjà à l'ouvrage depuis une heure et demie, entendit frapper trois coups à sa porte, et reconnut, à la manière dont ils étaient espacés, que celui qui s'annonçait ainsi était un frère en maçonnerie.

En conséquence, il alla ouvrir.

Le comte de Cagliostro, le sourire sur les lèvres, était debout de l'autre côté de la porte.

Gilbert ne se retrouvait jamais en face

de cet homme mystérieux sans un certain tressaillement.

— Ah! dit-il, comte, c'est vous! — puis, faisant un effort sur lui-même, et lui tendant la main : — soyez le bien venu, à quelque heure que vous veniez, et quelle que soit la cause qui vous amène.

— La cause qui m'amène, mon cher Gilbert, dit le comte, est le désir de vous faire assister à une expérience philanthropique dont j'ai déjà eu l'honneur de vous parler.

Gilbert chercha à se rappeler, mais inutilement, de quelle expérience le comte l'avait entretenu.

— Je ne me souviens pas, dit-il.

— Venez toujours, mon cher Gilbert ; je ne vous dérange pas pour rien, soyez tranquille. D'ailleurs, où je vous conduis, vous rencontrerez des personnes de connaissance.

— Cher comte, dit Gilbert, partout où vous voulez bien me conduire, je vais pour vous d'abord ; le lieu où je vais et les personnes que j'y rencontre ne sont plus que des choses secondaires.

— Alors, venez, car nous n'avons pas de temps à perdre.

Gilbert était tout habillé ; il n'eut que sa plume à quitter et son chapeau à prendre.

Ces deux opérations accomplies :

— Comte, dit-il, je suis à vos ordres.

— Partons! répondit simplement le comte, et il marcha devant.

Gilbert le suivit.

Une voiture attendait en bas ; les deux hommes y montèrent.

La voiture partit rapidement, sans que le comte eût besoin de donner aucun ordre. Il était évident que le cocher savait d'avance où l'on allait.

Au bout d'un quart d'heure de marche pendant lequel Gilbert remarqua qu'on traversait tout Paris, et qu'on franchissait la barrière, on s'arrêta dans une grande cour carrée sur laquelle s'ouvraient deux étages de petites fenêtres grillées.

Derrière la voiture, la porte qui lui avait donné passage s'était refermée.

En mettant pied à terre, Gilbert s'aperçut qu'il était dans la cour d'une prison, et, en examinant cette cour, il reconnut que c'était celle de Bicêtre.

Le lieu de la scène, déjà fort triste par son aspect naturel, était rendu plus triste encore par le jour douteux qui semblait, comme à regret, descendre dans cette cour.

Il était six heures un quart du matin, à peu près, heure de malaise l'hiver, car c'est l'heure où le froid est sensible aux plus vigoureuses organisations.

Une petite pluie fine comme un crêpe, tombait diagonalement, et rayait les murailles grises.

Au milieu de la cour, cinq ou six ouvriers charpentiers, sous la conduite d'un maître, et sous la direction d'un petit homme vêtu de noir qui se donnait, à lui seul, plus de mouvement que tout le monde, dressaient une machine d'une forme inconnue et étrange.

A la vue des deux étrangers, le petit homme noir leva la tête.

Gilbert tressaillit: il venait de reconnaître le docteur Guillotin, qu'il avait rencontré chez Marat ; cette machine, c'était, en grand, la même qu'il avait vue en petit dans la cave du rédacteur du journal *l'Ami du Peuple*.

De son côté, le petit homme reconnut Cagliostro et Gilbert.

L'arrivée de ces deux personnages lui parut assez importante pour qu'il quittât un instant la direction de son travail, et vînt à eux.

Cependant, ce ne fut pas sans recommander au maître charpentier la plus grande attention dans la besogne dont il s'occupait.

— Là, là, maître Guidon, c'est bien, dit-il ; achevez la plate-forme... la plate-forme est la base de l'édifice... puis, la plate-forme achevée, vous dresserez les deux poteaux en remarquant bien les repères, afin qu'ils ne soient ni trop éloignés ni trop proches. D'ailleurs, je suis là, je ne vous perds pas de vue.

Puis, s'approchant de Cagliostro et de Gilbert, qui lui épargnèrent la moitié du chemin :

— Bonjour, baron, dit-il. Ah! c'est bien aimable à vous d'arriver le premier, et de nous amener le docteur... Docteur, vous vous rappelez que je vous avais invité, chez Marat, à venir voir mon expérience ; seulement, j'avais oublié de vous demander votre adresse. Ah ! vous allez voir quelque chose de curieux, la machine la plus philantropique qui ait jamais été inventée !

Puis, tout à coup, se retournant vers cette machine objet de ses plus chères préoccupations :

— Eh bien, eh bien, Guidon, que faites-vous ? dit-il ; vous mettez le devant derrière !

Et, s'élançant par l'escalier que deux aides venaient d'appliquer à l'un des carrés, il se trouva en un instant sur la plate-forme, où sa présence eut pour effet de corriger en quelques secondes l'erreur que venaient de commettre les ouvriers, encore mal au courant des secrets de cette machine nouvelle.

— Là, là, dit le docteur Guillotin, voyant avec satisfaction que, maintenant qu'il les dirigeait, les choses allaient toutes seules ; là, il ne s'agit plus que d'introduire le couperet dans la rainure... Guidon ! Guidon ! s'écria-t-il tout à coup, comme frappé d'effroi, pourquoi donc la rainure n'est-elle pas garnie de cuivre ?

— Ah ! docteur, voilà : j'ai pensé que, du bon bois de chêne bien graissé, cela valait du cuivre, répondit le maître charpentier.

— Oui, c'est cela, dit le docteur d'un

air dédaigneux, des économies!... des économies, quand il s'agit du progrès de la science et du bien de l'humanité! Guidon, si notre expérience manque aujourd'hui, je vous en rends responsable. — Messieurs, je vous prends à témoin, continua le docteur s'adressant à Cagliostro et à Gilbert, je vous prends à témoin que j'avais demandé les rainures en cuivre, que je proteste contre l'absence du cuivre... Donc, si, maintenant, le couperet s'arrête en route ou glisse mal, ce n'est plus ma faute, je m'en lave les mains!

Et le docteur, à dix-huit cents ans de distance, fit, sur la plate-forme de la machine, le même geste que Pilate avait fait sur la terrasse de son palais.

Cependant, malgré toutes ces petites contrariétés, la machine s'élevait, et, en s'élevant, prenait une certaine tournure homicide qui réjouissait son inventeur, mais qui faisait frissonner le docteur Gilbert.

Quant à Cagliostro, il demeurait impassible. Depuis la mort de Lorenza, on eût dit que cet homme était devenu de marbre.

Voici la forme que prenait la machine :

D'abord, un premier plancher auquel on arrivait par une sorte d'escalier de meunier.

Ce plancher, en manière d'échafaud,

offrait une plate-forme de quinze pieds de large par toutes ses faces; sur cette plate-forme, vers les deux tiers de sa longueur, en face de l'escalier, s'élevaient deux poteaux parallèles haut de dix à douze pieds.

Ces deux poteaux étaient ornés de la fameuse rainure pour laquelle maître Guidon avait économisé le cuivre, économie qui venait, comme on l'a vu, de faire jeter les hauts cris au philantrope docteur Guillotin.

Dans cette rainure glissait,—au moyen d'un ressort qui, en s'ouvrant, lui laissait toute liberté de se précipiter avec la force de son propre poids, centuplée par un poids étranger,—une espèce de couperet en forme de croissant.

Une petite ouverture était pratiquée entre les deux poteaux; les deux battants de cette ouverture, au travers de laquelle un homme pouvait passer sa tête, se rejoignaient de façon à lui prendre le cou comme avec un collier.

Une bascule composée d'une planche de la longueur d'un homme de taille ordinaire jouait à un moment donné, et, en jouant, se présentait d'elle-même à la hauteur de cette fenêtre.

Tout cela, comme on le voit, était du plus grand ingénieux.

Pendant que les charpentiers maître

Guidon et le docteur mettaient la dernière main à l'érection de leur machine; pendant que Cagliostro et Gilbert discutaient sur le plus ou moins de nouveauté de l'instrument, dont le comte contestait l'invention au docteur Guillotin, trouvant des analogues dans la *mannaya* italienne, et surtout dans cette doloire de Toulouse avec laquelle fut exécuté le maréchal de Montmorency (1), de nouveaux spectateurs convoqués sans doute pour assister aussi à l'expérience avaient peuplé la cour.

C'était, d'abord, un vieillard de notre

---

(1) « En ce pays-là, dit Puységur, on se sert d'une doloire qui est entre deux morceaux de bois ; quand on a la tête posée sur le bloc, quelqu'un lâche la corde et la lame descend et sépare la tête du corps. »

connaissance, et qui a joué un rôle actif dans le milieu de cette longue histoire. Atteint de la maladie dont il devait mourir bientôt, le docteur Louis s'était, sur les instances de son confrère Guillotin, arraché à sa chambre, et était venu, malgré l'heure et le mauvais temps, dans l'intention de voir fonctionner la machine.

Gilbert le reconnut et s'avança respectueusement à sa rencontre.

Il était accompagné de M. Giraud, architecte de la ville de Paris, qui devait aux fonctions qu'il remplissait la faveur d'une invitation particulière.

Le second groupe, qui n'avait salué

personne et qui de personne n'avait été
salué, se composait de quatre hommes
vêtus tous quatre fort simplement.

A peine entrés, ces quatre hommes
avaient gagné l'angle de la cour le plus
éloigné de celui où étaient Gilbert et
Cagliostro, et se tenaient là, dans cet angle, humblement, parlant bas, et, malgré
la pluie, ayant le chapeau à la main.

Celui qui paraissait le chef parmi ces
quatre hommes, — ou tout au moins celui
que les trois autres écoutaient avec dé-
férence lorsqu'il prononçait quelques
paroles à voix basse, — était un homme de
cinquante à cinquante-deux ans, dont la
taille était haute, le sourire bienveillant,
la physionomie ouverte.

Cet homme s'appelait Charles-Louis Samson ; il était né le 15 février 1738 ; il avait vu écarteler Damiens par son père et il avait aidé celui-ci lorsqu'il avait eu l'honneur de trancher la tête à M. de Lally-Tollendal.

On le nommait communément *monsieur de Paris*.

Les trois autres hommes étaient son fils, qui devait avoir l'honneur de l'aider à décapiter Louis XVI, et ses deux aides.

La présence de M. de Paris, de son fils et de ses deux aides donnait une terrible éloquence à la machine de M. Guillotin, en prouvant que l'expérience qu'il allait faire était tentée, sinon avec *la garantie*, du moins avec l'approbation du gouvernement.

Pour le moment, M. de Paris semblait fort triste. Si la machine dont il était appelé à voir l'essai était adoptée, tout le côté pittoresque de sa physionomie se trouvait retranché. L'exécuteur n'apparaissait plus à la foule comme l'ange exterminateur armé du glaive flamboyant; le bourreau n'était plus qu'une espèce de concierge tirant le cordon à la mort.

Aussi, là était la véritable opposition.

Comme la pluie continuait de tomber plus fine peut-être, mais, à coup sûr, plus serrée, le docteur Guillotin, qui craignait, sans doute, que le mauvais temps ne lui enlevât quelqu'un de ses spectateurs, s'adressa au groupe le plus important, c'est-à-dire à celui qui se composait de Cagliostro, de Gilbert, du docteur Louis et de l'architecte Giraud, et, comme un directeur qui sent que le public s'impatiente :

— Messieurs, dit-il, nous n'attendons plus qu'une seule personne, M. le docteur Cabanis... M. le docteur Cabanis arrivé, l'on commencera.

Il achevait à peine ces paroles, qu'une troisième voiture pénétrait dans la cour, et qu'un homme de trente-huit ou quarante ans, au front découvert, à la physionomie intelligente, à l'œil vif et interrogateur, en descendait.

C'était le dernier spectateur attendu, c'était le docteur Cabanis.

Il salua chacun d'une manière affable, comme doit faire un médecin philosophe, alla tendre la main à Guillotin, qui, du haut de sa plateforme, lui criait : « Venez donc, docteur; mais venez donc; on n'attend plus que vous! » puis il alla se confondre dans le groupe de Gilbert et de Cagliostro.

Pendant ce temps, sa voiture se rangeait près des deux autres voitures.

— Messieurs, dit le docteur Guillotin,

comme nous n'attendons plus personne, nous allons commencer.

Et, sur un signe de sa main, une porte s'étant ouverte, on en vit sortir deux hommes vêtus d'une espèce d'uniforme gris, qui portaient sur leurs épaules un sac sous la toile duquel se dessinait vaguement la forme d'un corps humain.

On voyait, derrière les vitres des fenêtres, apparaître les visages pâles des malades, qui, d'un œil effaré, regardaient, sans qu'on eût songé à les y inviter, ce spectacle inattendu et terrible dont ils ne pouvaient comprendre ni les apprêts ni le but.

III

Une soirée au Pavillon de Flore.

Le soir de ce même jour, c'est-à-dire le 24 décembre veille de la Noël, il y avait réception au pavillon de Flore.

La reine n'ayant pas voulu recevoir chez elle, c'était la princesse de Lamballe qui recevait pour elle, et qui faisait les honneurs du cercle jusqu'à ce que la reine fût arrivée.

La reine arrivée, toute chose reprenait son cours, comme si la soirée se fût écoulée au pavillon Marsan, au lieu du pavillon de Flore.

Dans le courant de la matinée, le jeune baron Isidore de Charny était revenu de Turin, et, aussitôt son retour, il avait été admis près du roi d'abord, et près de la reine ensuite.

Il avait trouvé chez tous deux une extrême bienveillance; mais, chez la reine surtout, deux raisons rendaient cette bienveillance remarquable.

D'abord, Isidore était le frère de

Charny, et, Charny absent, c'était un grand charme pour la reine que de voir son frère.

Puis, Isidore apportait, de la part de M. le comte d'Artois et de M. le prince de Condé, des paroles qui n'étaient que trop en harmonie avec celles que lui soufflait son propre cœur.

Les princes recommandaient à la reine le projet de M. de Favras, et l'invitaient à profiter du dévouement de ce courageux gentilhomme, à fuir et à les venir rejoindre à Turin.

Il était, en outre, chargé d'exprimer au nom des princes, à M. de Favras, toute la sympathie qu'ils éprouvaient pour son projet et tous les vœux qu'ils faisaient pour sa réussite.

La reine garda Isidore une heure près d'elle, l'invita à venir le soir au cercle de madame de Lamballe, et ne lui permit de se retirer que parce qu'il lui demanda congé pour aller s'acquitter de sa mission près de M. de Favras.

La reine n'avait rien dit de positif à l'endroit de sa fuite; seulement, elle avait chargé Isidore de répéter à M. et à madame de Favras ce qu'elle avait dit lorsqu'elle avait reçu madame de Favras chez elle, et qu'elle était entrée chez le roi tandis que M. de Favras s'y trouvait.

En quittant la reine, Isidore se rendit immédiatement auprès de M. de Favras, qui demeurait place Royale, n° 21.

Ce fut madame de Favras qui reçut le baron de Charny; elle lui dit d'abord que son mari était sorti; mais, lorsqu'elle sut le nom du visiteur, quels augustes personnages il venait de voir il y avait une heure, quels autres il avait quittés cinq ou six jours auparavant, elle avoua la présence de son mari à la maison et le fit appeler.

Le marquis entra, le visage ouvert et l'œil souriant. Il avait été prévenu directement de Turin; il savait donc de quelle part venait Isidore.

Le message dont la reine avait, en outre, chargé le jeune homme mit le comble à la joie du conspirateur. Tout, en effet, secondait son espérance ; le complot marchait à merveille : les douze cents cavaliers étaient rassemblés à Versailles ; chacun d'eux devait prendre un fantassin en croupe, ce qui donnait deux mille quatre cents hommes au lieu de douze cents. Quant au triple assassinat de Necker, de Bailly et de la Fayette, qui devait être exécuté simultanément par chacune des trois colonnes entrant dans Paris, l'une par la barrière du Roule, l'autre par la barrière de Grenelle, et la troisième par la grille de Chaillot, on y avait renoncé, pensant qu'il suffirait de se défaire de la Fayette. Or, pour cette expédition, c'était assez de quatre hommes, pourvu qu'ils fussent bien montés et bien armés ; ils eussent attendu sa voiture le soir, à onze heures, au moment où M. de la Fayette quittait ordinairement les Tuileries ; deux auraient longé la rue à droite et à gauche ; deux seraient venus au-devant de la voiture ; un de ceux-ci, tenant un papier à la main, aurait fait signe au cocher d'arrêter, disant qu'il avait un avis important à communiquer au général. Alors, la voiture se serait arrêtée, le général aurait mis la tête à la portière, et aussitôt on lui aurait brûlé la cervelle d'un coup de pistolet.

C'était là, du reste, le seul changement d'importance qui eût été fait au complot ; tout tenait dans les mêmes conditions ; seulement, l'argent était versé, les hommes étaient prévenus, le roi n'avait qu'à dire : « Oui ! » et, à un signe de M. de Favras, l'affaire était enlevée.

Une seule chose inquiétait le marquis : c'était le silence du roi et de la reine à son égard ; ce silence, la reine venait de le rompre par l'intermédiaire d'Isidore, et, si vagues que fussent les paroles que celui-ci avait été chargé de transmettre à M. et à madame de Favras, ces paroles sortant d'une bouche royale avaient une grande importance.

Isidore promit à M. de Favras de reporter, le soir même, à la reine et au roi l'expression de son dévouement.

Le jeune baron était, comme on sait, parti pour Turin le jour de son arrivée à Paris; il n'avait donc d'autre logement que la chambre que son frère occupait aux Tuileries. Son frère absent, il se fit ouvrir cette chambre par le laquais du comte.

A neuf heures du soir, il entrait chez madame la princesse de Lamballe.

Il n'avait pas été présenté à la princesse; celle-ci ne le connaissait pas; mais, prévenue dans la journée par un mot de la reine, à l'annonce de son nom, la princesse se leva, et, avec cette grâce charmante qui lui tenait lieu d'esprit, elle l'attira tout de suite dans le cercle des intimes.

Le roi ni la reine n'étaient encore arrivés ; Monsieur, qui paraissait assez inquiet, causait dans un coin avec deux gentilshommes de son intimité à lui, M. de la Châtre et M. d'Avaray.

Le comte Louis de Narbonne allait d'un groupe à l'autre avec l'aisance d'un homme qui se sent en famille.

Le cercle des intimes se composait des jeunes gentilshommes qui avaient résisté à la manie de l'émigration. C'étaient MM. de Lameth, qui devaient beaucoup à la reine, et qui n'avaient pas encore pris parti contre elle ; M. d'Ambly, une des bonnes ou des mauvaises têtes de l'époque, comme on voudra; M. de Castries, M. de Fersen, Suleau, rédacteur en chef du spirituel journal *les Actes des Apôtres*, tous cœurs loyaux, mais toutes têtes ardentes, quelques-unes même un peu folles !

Isidore ne connaissait aucun de ces jeunes gens; mais, à son nom bien connu, à la bienveillance particulière dont l'avait honoré la princesse, toutes les mains s'étaient tendues vers lui.

D'ailleurs, il apportait des nouvelles de cette autre France qui vivait à l'étranger. Chacun avait un parent ou un ami près des princes; Isidore avait vu tout ce monde là; c'était une seconde gazette.

Nous avons dit que Suleau était la première.

Suleau tenait la conversation, et l'on riait fort; Suleau avait assisté, ce jour-là, à la séance de l'Assemblée. M. Guillotin était monté à la tribune, avait vanté les douceurs de la machine qu'il venait d'imaginer, avait raconté l'essai triomphant qu'il en avait fait le matin même, et avait demandé qu'on lui fît l'honneur de la substituer à tous les instruments de mort, — roue, potence, bûcher, écartellement, — qui avaient successivement effrayé la Grève.

L'Assemblée, séduite par le velouté de cette nouvelle machine, était toute prête à l'adopter.

Suleau avait fait, à propos de l'Assemblée, de M. Guillotin et de sa machine, sur l'air du menuet d'*Exaudet*, une chanson qui devait paraître le lendemain dans son journal.

Cette chanson, qu'il chantait à demi-voix dans le cercle joyeux qui l'entourait, provoquait des rires si francs, que le roi, qui venait avec la reine, les entendit de l'antichambre, et que, comme, pauvre roi! il ne riait plus guère, il se promit à lui-même de s'enquérir du sujet qui pouvait, dans les temps de tristesse où l'on se trouvait, provoquer une telle gaîté.

Il va sans dire que, dès qu'un huissier eut annoncé le roi et un autre la reine, tous les chuchottements, toutes les conversations, tous les éclats de rire cessèrent pour faire place au plus respectueux silence.

Les deux augustes personnages entrèrent.

Plus, à l'extérieur, le génie révolutionnaire dépouillait un à un la royauté de tous ses prestiges, plus, il faut le dire, dans l'intimité, s'augmentait, pour les vrais royalistes, ce respect auquel les infortunes donnent une nouvelle force;

89 vit de grandes ingratitudes ; mais 93 vit de suprêmes dévouements !

Madame de Lamballe et madame Elisabeth s'emparèrent de la reine.

Monsieur marcha droit au roi pour lui présenter ses respects, et, en s'inclinant, lui dit :

— Mon frère, ne pourrions-nous point faire un jeu particulier, vous, la reine, et quelqu'un de vos intimes, afin que, sous l'apparence d'un wisth, nous puissions causer un peu confidentiellement ?

— Volontiers, mon frère, répondit le roi ; arrangez cela avec la reine.

Monsieur se rapprocha de Marie-Antoinette, à qui Charny présentait ses hommages, et disait tout bas :

— Madame, j'ai vu M. de Favras, et j'ai des communications de la plus haute importance à faire à Votre Majesté.

— Ma chère sœur, dit Monsieur, le roi désire que nous fassions un wisth à quatre. Nous nous réunissons contre vous, et il vous laisse le choix de votre partner.

— Eh bien, dit la reine, qui se douta que cette partie de wisth n'était qu'un prétexte, mon choix est fait;—M. le baron de Charny, vous serez de notre jeu, et, tout en jouant, vous nous donnerez des nouvelles de Turin.

— Ah ! vous venez de Turin, baron ? dit Monsieur.

— Oui, monseigneur, et, en revenant de Turin, je suis passé par la place Royale, où j'ai vu un homme fort dévoué au roi, à la reine et à Votre Altesse.

Monsieur rougit, toussa, s'éloigna. C'était un homme tout d'ambages et de circonspection : cet esprit droit et précis l'inquiétait.

Il jeta un regard à M. de la Châtre, qui s'approcha de lui, reçut ses ordres tout bas, et sortit.

Pendant ce temps, le roi saluait et recevait les hommages des gentilshommes et des femmes — un peu rares — qui continuaient à fréquenter le cercle des Tuileries.

La reine alla le prendre par le bras et l'attira au jeu.

Il s'approcha de la table, chercha des yeux le quatrième joueur, et n'aperçut qu'Isidore.

— Ah! ah! monsieur de Charny, dit-il, en l'absence de votre frère, c'est vous qui faites notre quatrième?... Il ne pouvait pas être mieux remplacé; soyez le bienvenu.

Et, d'un signe, il invita la reine à s'asseoir, s'assit après elle, puis Monsieur après lui.

La reine fit à son tour un geste d'invitation à Isidore, qui prit place le dernier.

Madame Elisabeth s'agenouilla sur une causeuse derrière le roi, et appuya ses deux bras sur le dossier de son fauteuil.

On fit deux ou trois tours de wisth en prononçant seulement les paroles sacramentelles.

Puis, enfin, tout en jouant, et après avoir remarqué que le respect tenait tout le monde écarté de la table royale :

— Mon frère, hasarda la reine en s'adressant à Monsieur, le baron vous a dit qu'il arrivait de Turin ?

— Oui, fit Monsieur, il m'a touché un mot de cela.

— Il vous a dit que M. le comte d'Artois et M. le prince de Condé nous invitaient fort à aller les joindre?

Le roi laissa échapper un mouvement d'impatience.

— Mon frère, murmura madame Elisabeth avec sa douceur d'ange, écoutez, je vous prie!

— Et vous aussi, ma sœur? dit le roi.

— Moi plus que personne, mon cher Louis, car, moi, plus que personne, je vous aime et suis inquiète.

— J'ai même ajouté, dit Isidore, que j'étais revenu par la place Royale, et que je m'étais arrêté plus d'une heure au n° 21.

— Au n° 21, demanda le roi, qu'est-ce que cela ?

— Au n° 21, Sire, reprit Isidore, demeure un gentilhomme fort dévoué à Votre Majesté, comme nous tous, prêt à mourir pour elle, comme nous tous, mais qui, plus actif que nous tous, a combiné un projet...

— Quel projet, monsieur ? demanda le roi en levant la tête.

— Si je croyais avoir le malheur de

déplaire au roi en répétant à Sa Majesté ce que je sais de ce projet, je me tairais à l'instant même.

— Non, non, monsieur, dit vivement la reine, parlez!... Assez de gens font des projets contre nous ; c'est bien le moins que nous connaissions ceux qui en font pour nous, afin que, tout en pardonnant à nos ennemis, nous soyons reconnaissants à nos amis... Monsieur le baron, dites-nous comment s'appelle ce gentilhomme.

— M. le marquis de Favras, madame.

— Ah! ah! dit la reine, nous le connaissons!... Et vous croyez à son dévouement, monsieur le baron?

— A son dévouement? oui, madame... non-seulement j'y crois, mais encore j'en suis sûr.

— Faites attention, monsieur, dit le roi, vous vous avancez beaucoup.

— Le cœur se juge avec le cœur, Sire, Je réponds du dévouement de M. de Favras. Quant à la bonté de son projet, quant aux chances qu'il a de réussir, oh! cela, c'est autre chose! je suis trop jeune, et, lorsqu'il s'agit du salut du roi et de la reine, je suis trop prudent pour oser émettre une opinion là-dessus.

— Et, ce projet, voyons, où en est-il? dit la reine.

— Madame, il en est à son exécution,

et, s'il plaît au roi de dire un mot, de faire un signe ce soir, demain à pareille heure il sera à Péronne.

Le roi garda le silence ; Monsieur tordit les reins à un pauvre valet de cœur qui n'en pouvait mais.

— Sire, fit la reine s'adressant à son mari, entendez-vous ce que le baron vient de dire ?

— Oui, certes, j'entends, répondit le roi en fronçant le sourcil.

— Et vous, mon frère ? demanda la reine à Monsieur.

— Je ne suis pas plus sourd que le roi.

— Eh bien, voyons, qu'en dites-vous ? c'est une proposition, ce me semble.

— Sans doute, dit Monsieur, sans doute.

Puis, se retournant vers Isidore :

— Allons, baron, dit-il, répétez-nous ce joli couplet.

Isidore reprit :

— Je disais que le roi n'avait qu'un mot à prononcer, qu'un signe à faire, et que, grâce aux mesures prises par M. de Favras, il serait, vingt-quatre heures après, en sûreté dans la ville de Péronne.

— Eh bien, mon frère, demanda Monsieur, est-ce que ce n'est pas tentant, ce que le baron vous propose là ?

Le roi se retourna vivement vers Monsieur, et, fixant son regard sur le sien :

—Et, si je pars, dit-il, partez-vous avec moi ?

Monsieur changea de couleur; ses joues tremblèrent, agitées par un mouvement qu'il ne fut pas le maître de réprimer.

— Moi ? dit-il.

—Oui, vous, mon frère, dit Louis XVI ; vous qui m'engagez à quitter Paris, je vous demande : « Si je pars, partez-vous avec moi ? »

— Mais, balbutia Monsieur, moi, je n'étais pas prévenu ; aucun de mes préparatifs n'est fait.

— Comment! vous n'étiez pas prévenu, dit le roi, et c'est vous qui fournissez l'argent à M. de Favras ? Aucun de vos préparatifs n'est fait, et vous êtes renseigné, heure par heure, sur le point où en est le complot ?...

— Le complot ? répéta Monsieur pâlissant.

— Sans doute, le complot ; car c'est un complot... un complot si réel, que, s'il est découvert, M. de Favras sera emprisonné, conduit au Châtelet, et condamné à mort, à moins qu'à force de sollicitations et d'argent vous ne le sauviez, comme nous avons sauvé M. de Besenval.

— Mais, si le roi a sauvé M. de Besenval, il sauvera bien aussi M. de Favras...

— Non... car ce que j'ai pu pour l'un, je ne le pourrai probablement plus pour l'autre... D'ailleurs, M. de Besenval était mon homme, comme M. de Favras est le vôtre. Que chacun sauve le sien, mon frère! et nous aurons fait tous deux notre devoir.

Et, en prononçant ces paroles, le roi se leva.

La reine le retint par le pan de son habit.

— Sire, dit-elle, soit pour accepter, soit pour refuser, vous devez une réponse à M. de Favras.

— Moi ?

— Oui... Que répondra le baron de Charny au nom du roi ?

— Il répondra, dit Louis XVI en dégageant son habit des mains de la reine, il répondra que le roi ne peut pas permettre qu'on l'enlève !

Et il s'éloigna.

— Ce qui veut dire, continua Monsieur, que, si le marquis de Favras enlève le roi sans sa permission, il sera le très bien venu,— pourvu toutefois qu'il réussisse, car quiconque ne réussit pas est un sot, et, en politique, les sots méritent double punition.

— Monsieur le baron, dit la reine, ce soir même, sans perdre un instant, courez chez M. de Favras, et dites-lui les propres paroles du roi : « Le roi ne peut pas permettre qu'on l'enlève ; » c'est à lui de les comprendre ou à vous de les expliquer... Allez.

Le baron, qui regardait avec raison la réponse du roi et la recommandation de la reine comme un double consentement, prit son chapeau, sortit vivement, et s'élança dans un fiacre en criant au cocher :

— Place-Royale, n° 21.

IV

Ce que la reine avait vu dans une carafe, vingt ans auparavant, au château de Taverney.

Le roi, en se levant de la table de jeu, s'était dirigé vers le groupe de jeunes gens dont les rires joyeux avaient attiré son attention, avant même qu'il fût entré dans le salon.

A son approche, le plus profond silence s'établit.

— Eh bien, messieurs, demanda-t-il, le roi est-il donc si malheureux, qu'il porte la tristesse avec lui ?

— Sire... murmurèrent les jeunes gens.

— La gaîté était grande et le rire bruyant, quand nous sommes entrés tout à l'heure, la reine et moi...

— Puis, secouant la tête :

— Malheur aux rois, dit-il, devant lesquels on n'ose pas rire.

— Sire, dit M. de Lameth, le respect...

— Mon cher Charles, dit le roi, quand

vous sortiez de votre pension, les dimanches ou les jeudis, et que je vous faisais venir en récréation à Versailles, est-ce que vous vous priviez de rire parce que j'étais là? J'ai dit tout à l'heure : « Malheur aux rois devant lesquels on n'ose pas rire! » Je dis maintenant : « Heureux les rois devant lesquels on rit! »

— Sire, dit M. de Castries, c'est que le sujet qui nous mettait en gaîté ne paraîtra peut-être pas des plus comiques à Votre Majesté...

— De quoi parliez-vous donc, messieurs?

— Sire, dit Suleau en s'avançant, je livre le coupable à Votre Majesté.

— Ah ! dit le roi, c'est vous, monsieur Suleau ?... J'ai lu votre dernier numéro des *Actes des Apôtres* ; prenez garde ! prenez garde !

— A quoi, Sire ? demanda le jeune journaliste.

— Vous êtes un peu trop royaliste : vous pourrez bien vous attirer de mauvaises affaires avec l'amant de mademoiselle Théroigne.

— Avec M. Populus ! dit en riant Suleau.

— Justement... Et qu'est devenue l'héroïne de votre poème ?

— Théroigne ?

— Oui... Je n'entends plus parler d'elle.

— Sire, je crois qu'elle trouve que notre révolution ne marche pas assez vite, et qu'elle est allée activer celle du Brabant... Votre Majesté sait probablement que cette chaste amazone est de Liège?

— Non, je ne savais pas... Était-ce à propos d'elle que vous riiez tout à l'heure?

— Non, Sire, c'était à propos de l'Assemblée nationale.

— Oh! oh! messieurs; alors vous avez bien fait de redevenir sérieux en m'apercevant; je ne puis permettre que l'on rie de l'Assemblée nationale chez moi. Il est vrai, ajouta le roi, par manière de capitulation, que je suis, non pas chez moi, mais chez la princesse de Lamballe; ainsi donc, tout en ne riant plus, ou tout en riant bas, vous pouvez me dire ce qui vous faisait rire si haut.

— Le roi sait-il de quelle chose il a été question aujourd'hui pendant toute la séance de l'Assemblée nationale?

— Oui, et cela m'a même fort intéressé... N'a-t-il pas été question d'une nouvelle machine à exécuter les criminels?

— Offerte par M. Guillotin à la nation... oui, Sire, dit Suleau.

— Oh! oh! monsieur Suleau, et vous vous moquiez de M. Guillotin, d'un philanthrope?... Ah çà! mais vous oubliez que je suis philanthrope moi-même!

— Oh! Sire, je m'entends; il y a philanthrope et philanthrope. Il y a, par exemple, à la tête de la nation française, un philanthrope qui a aboli la torture préparatoire; celui-là, nous le respectons, nous le vénérons; nous faisons plus : celui-là, nous l'aimons, Sire!

Tous les jeunes gens s'inclinèrent d'un seul mouvement.

— Mais, continua Suleau, il y en a d'autres qui, étant déjà médecins, qui, ayant entre les mains mille moyens plus adroits ou plus maladroits les uns que les autres de faire sortir les malades de la vie, cherchent encore le moyen d'en faire sortir ceux qui se portent bien... Ah! par ma foi, ceux-là, Sire, je prierai Votre Majesté de me les abandonner!

— Et qu'en ferez-vous, monsieur Suleau? Les décapiterez-vous *sans douleur?* demanda le roi, faisant allusion à la prétention émise par le docteur Guillotin; en seront-ils quittes pour sentir *une légère fraîcheur* sur le cou?

— Sire, c'est ce que je leur souhaite, dit Suleau; mais ce n'est pas ce que je leur promets.

— Comment, ce que vous leur souhaitez? dit le roi.

— Oui, Sire, j'aime assez que les gens qui inventent des machines nouvelles les essaient. Je ne plains pas fort maître Aubriot essuyant les murs de la Bastille, et messire Enguerrand de Marigny étrennant le gibet de Montfaucon. Malheureusement, je n'ai pas l'honneur d'être roi; heureusement, je n'ai pas l'honneur d'être juge; il est donc probable que je serai obligé de m'en tenir, vis-à-vis du respectable docteur Guillotin, à ce que j'ai déjà commencé de tenir.

— Et qu'avez-vous promis, ou plutôt qu'avez-vous tenu ?

— Mais il m'est venu dans l'idée, Sire, que ce grand bienfaiteur de l'humanité devait tirer sa récompense du bienfait lui-même. Or, demain matin, dans le numéro des *Actes des Apôtres* qu'on imprime cette nuit, le baptême aura lieu... Il est juste que la fille de M Guillotin, reconnue aujourd'hui publiquement par son père en face de l'Assemblée nationale, s'appelle mademoiselle Guillotine.

Le roi lui-même ne put s'empêcher de sourire.

— Et, dit Charles Lameth, comme il n'y a ni noce ni baptême sans chansons M. Suleau a fait, sur sa filleule, deux chansons.

— Deux! fit le roi.

— Sire, dit Suleau, il en faut pour tous les goûts.

— Et sur quel air avez-vous mis ces chansons-là ? Je ne vois guère que l'air du *De Profundis* qui leur aille !

— Fi donc, Sire ! Votre Majesté oublie l'agrément qu'on aura de se faire couper le cou par la fille de M. Guillotin... c'est-à-dire qu'il y aura queue à la porte... Non, Sire ; l'une de mes chansons est sur un air fort à la mode, celui du menuet d'*Exaudet* ; l'autre est sur tous les airs, c'est un pot-pourri.

— Et peut-on avoir un avant-goût de votre poésie, monsieur Suleau ? demanda le roi.

Suleau s'inclina.

— Je ne suis pas de l'Assemblée nationale, dit-il, pour avoir cette prétention de borner les pouvoirs du roi ; non, je suis un fidèle sujet de Sa Majesté, et mon avis est que le roi peut tout ce qu'il veut.

— Alors, je vous écoute.

— Sire, dit Suleau, j'obéis.

Et il chanta à demi-voix, sur l'air du menuet d'*Exaudet,* comme nous l'avons dit, la chanson suivante :

Guillotin,
Médecin
Politique,
Imagine, un beau matin,
Que pendre est inhumain
Et peu patriotique.
Aussitôt

Il lui faut
Un supplice
Qui, sans corde ni poteau,
Supprime du bourreau
L'office...
C'est en vain que l'on publie
Que c'est pure jalousie
D'un suppôt
Du tripot
D'Hyppocrate,
Qui de tuer impunément,
Même exclusivement,
Se flatte ;
Le Romain
Guillotin,
Qui s'apprête,
Consulte gens du métier,
Barnave et Chapelier,
Même le coupe-tête ;
Et sa main
Fait soudain
La machine
Qui simplement nous tuera,
Et que l'on nommera
Guillotine !

Les rires des jeunes gens redoublèrent ; mais, quoique tout cela ne parût pas bien gai au roi, comme Suleau était de ses plus dévoués, il ne voulut point laisser voir l'espèce d'émotion qui, sans qu'il s'en rendît compte, lui serrait le cœur.

— Mais, dit-il, mon cher monsieur Suleau, vous nous aviez parlé de deux chansons. Voilà le parrain ; maintenant, passons à la marraine.

— Sire, dit Suleau, la marraine va avoir l'honneur de vous être présentée. La voici ; — c'est sur l'air : *Paris est au roi.*

Monsieur Guillotin,
Ce grand médecin

Que l'amour du prochain
Occupe sans fin,
S'avance soudain,
Prend la parole enfin,
Et, d'un air bénin,
Il propose
Peu de chose
Qu'il expose
En peu de mots ;
Mais l'emphase
De sa phrase
Obtient les bravos
De cinq ou six sots.

« Messieurs, dans votre sagesse,
Si vous avez décrété,
Pour toute humaine faiblesse,
La loi de l'égalité,
Pour peu qu'on daigne m'entendre,
On sera bien convaincu
Que, s'il est cruel de pendre,
Il est dur d'être pendu !

« Comment donc faire,
Quand un honnête citoyen,

Dans un mouvement de colère,
Assassinera son prochain ?
　　Comment donc faire ?...
En rêvant à la sourdine,
Pour vous tirer d'embarras,
　　J'ai fait une machine
Qui met les têtes à bas !

« C'est un coup que l'on reçoit
　　Avant qu'on s'en doute ;
A peine on s'en aperçoit,
　　Car on n'y voit goutte.
Un certain ressort caché
Tout à coup étant lâché,
　　　Fait tomber,
　　　　ber, ber,
　　　Fait sauter,
　　　　ter, ter,
　　　Fait tomber,
　　　Fait sauter,
　　　Fait voler
　　　　La tête !
C'est bien plus honnête !... »

— Eh bien, messieurs, dit le roi, vous

riez... si, cependant, cette machine de
M. Guillotin était destinée à épargner
des souffrances terribles aux malheureux
condamnés! Que demande la société,
quand elle réclame la mort d'un coupable ? La suppression pure et simple de
l'individu ; si cette suppression est accompagnée de souffrances, comme dans
la roue, comme dans l'écartellement,
ce n'est plus une justice, c'est une vengeance !

— Mais, Sire, observa Suleau, qui
dit à Votre Majesté que la douleur
est supprimée par le fait de la section
de la tête ? Qui dit que la vie ne per-
siste pas à la fois dans ses deux tron-
çons, et que le moribond ne souffre pas

doublement ayant la conscience de sa dualité ?

— Cela, dit le roi, c'est une question à faire discuter par les gens de l'art. Du reste, une expérience a dû être faite, je crois, à Bicêtre ce matin même. Personne de vous n'assistait à cette expérience ?

— Non, Sire ; non, non, non, dirent presque simultanément douze ou quinze voix railleuses.

— J'y étais, moi, Sire, dit une voix grave.

Le roi se retourna et reconnut Gilbert, qui était entré pendant la discussion, s'était approché respectueusement et qui, s'étant tû jusque-là, répondit seulement à l'interrogation du roi.

— Ah! c'est vous, docteur, dit le roi tressaillant; ah! vous étiez là?

— Oui, Sire.

— Et comment l'expérience a-t-elle réussi?

— Parfaitement sur les deux premiers, Sire; mais, au troisième, quoique la colonne vertébrale ait été tranchée, on a été forcé d'achever la section de la tête avec un couteau.

Les jeunes gens écoutaient la bouche ouverte et les yeux hagards.

— Comment, Sire, dit Charles Lameth, parlant visiblement au nom de tous les autres en même temps qu'au sien, on a exécuté trois hommes ce matin ?

— Oui, messieurs, dit le roi ; seulement, ces trois hommes étaient trois cadavres fournis par l'Hôtel-Dieu... Et votre avis, Gilbert ?

— Sur quoi, Sire ?

— Sur l'instrument.

— Sire, c'est évidemment un progrès, à côté de toutes les machines du même genre inventées jusqu'aujourd'hui ; mais l'accident arrivé au troisième cadavre prouve que cette machine a besoin de perfectionnements.

— Et comment est-elle faite? demanda le roi, chez lequel s'éveillait le génie du mécanisme.

Alors, Gilbert essaya de donner une explication; mais, comme le roi, d'après les paroles du docteur, ne pouvait saisir la forme exacte de l'instrument :

— Venez, dit-il, venez, docteur ; voici sur une table des plumes, de l'encre et du papier... Vous dessinez, je crois?

— Oui, Sire.

— Eh bien, vous me ferez un croquis, je comprendrai mieux.

Et, comme les jeunes gentilshommes, retenus par le respect n'osaient suivre le roi sans y être invités :

— Oh! venez, messieurs, dit Louis XVI ; ces questions là intéressent l'humanité tout entière.

— Et puis, qui sait, dit Suleau à demi-voix, qui sait si l'un de nous n'est pas destiné à l'honneur d'épouser mademoiselle Guillotine ?... Allons, messieurs, allons faire connaissance avec notre fiancée.

Et tous, suivant le roi et Gilbert, se groupèrent autour de la table devant laquelle, pour exécuter plus facilement son dessin, Gilbert s'assit sur l'invitation du roi.

Gilbert commença le croquis de la machine dont Louis XVI suivit les lignes avec la plus scrupuleuse attention.

Rien n'y manquait, ni la plateforme, ni l'escalier qui y conduisait, ni les deux poteaux, ni la bascule, ni la petite fenêtre, ni le fer taillé en croissant.

Il achevait à peine ce dernier détail que le roi l'arrêta.

— Parbleu ! dit-il, il n'y a rien d'étonnant à ce que l'expérience ait manqué, surtout à la troisième fois !

— Comment cela, Sire ? dit Gilbert.

— Cela tient à la forme du couperet, dit Louis XVI ; il faut n'avoir aucune idée de mécanique pour donner à un objet destiné à trancher une matière offrant résistance la forme d'un croissant.

— Mais quelle forme Votre Majesté lui donnerait elle donc ?

— C'est bien simple, celle d'un triangle.

Gilbert essaya de rectifier le dessin.

— Non, non, pas cela, dit le roi, pas cela... donnez-moi votre plume.

— Sire, dit Gilbert, voici la plume et la chaise.

— Attendez, attendez, dit Louis XVI, emporté par son amour de la mécanique, tenez, taillez-moi le fer en biseau... ainsi... là, ainsi... et je vous réponds que vous couperiez vingt-cinq têtes à la suite les unes des autres, sans que le fer rebutât une seule fois...

Il achevait à peine ces paroles, qu'un cri déchirant, un cri d'effroi, presque de douleur, retentit au-dessus de sa tête.

Il se retourna vivement, et vit la reine pâle, chancelante, éperdue, qui tombait évanouie aux bras de Gilbert.

Poussée comme les autres par la curiosité, elle s'était approchée de la table, et, se penchant sur la chaise du roi, elle avait, par-dessus son épaule, au moment même où il en corrigeait le principal détail, reconnu la hideuse machine que Cagliostro lui avait fait voir, vingt ans auparavant, au château de Taverney-Maison-Rouge.

A cette vue, elle n'avait eu de forces que pour jeter un cri terrible, et, la vie l'ayant abandonnée, comme si la fatale machine eût opéré sur elle, elle était, ainsi que nous l'avons dit, tombée évanouie entre les bras de Gilbert.

V

Le Médecin du corps et le Médecin de l'âme.

On conçoit qu'après un pareil évènement, la soirée se trouva naturellement interrompue.

Quoique personne ne pût se rendre compte des causes qui avaient amené l'évanouissement de la reine, le fait existait,

En apercevant le dessin de Gilbert retouché par le roi, la reine avait poussé un cri, et s'était évanouie.

Voilà le bruit qui circula dans les groupes, et tout ce qui n'était pas de la famille, ou tout au moins de l'intimité, se retira.

Gilbert porta les premiers soins à la reine.

Madame de Lamballe n'avait point voulu qu'on la transportât chez elle ; d'ailleurs, c'était chose difficile : madame de Lamballe demeurait au pavillon de Flore ; la reine au pavillon Marsan ; c'était toute la longueur du château à traverser.

L'auguste malade avait, en conséquence, été déposée sur une chaise longue dans la chambre à coucher de la princesse, laquelle, avec cette intuition particulière aux femmes, ayant deviné qu'il y avait quelque sombre mystère caché là-dessous, avait éloigné tout le monde, même le roi, et, debout à la tête de la chaise, l'œil tendrement inquiet, attendait que, grâce aux soins du docteur Gilbert, la reine reprît ses sens.

De temps en temps, seulement, elle interrogeait d'un mot le docteur, qui, impuissant lui-même à hâter le retour de la vie, ne pouvait tranquilliser la princesse que par de banales assurances.

En effet, pendant quelques instants, la violence du coup porté à tout le système nerveux de la pauvre femme fut si intense, que l'application des flacons de sel sous le nez, et les frictions de vinaigre aux tempes, furent insuffisantes ; enfin, de légères crispations vers les extrémités indiquèrent le retour de la sensibilité ; la reine agita languissamment la tête de droite à gauche comme on fait dans un rêve pénible, poussa un soupir et rouvrit les yeux.

Mais il était évident que, chez elle, la vie venait de se réveiller avant la raison ; aussi, pendant quelques secondes, regarda-t-elle autour de l'appartement de ce regard vague indiquantune personne qui ne sait où elle est, et qui ignore ce qui lui est arrivé ; mais bientôt un léger tremblement courut par tout son corps ; elle poussa un faible cri, et mit la main sur ses yeux, comme pour leur dérober la vue d'un objet terrible.

Elle se souvenait.

Mais la crise était passée. — Gilbert, qui ne se dissimulait pas que l'accident avait une cause toute morale, et qui savait le peu d'action qu'a la médecine sur ces sortes de phénomènes, s'apprêtait à se retirer, lorsque, au premier pas qu'il fit en arrière,—comme si la reine, par une vue intérieure, eût deviné son intention,—elle étendit la main, lui saisit le bras, et, d'une voix aussi nerveuse que le geste qu'elle accompagnait :

— Restez ! dit-elle.

Gilbert s'arrêta tout étonné. Il n'ignorait pas le peu de sympathie que la reine avait pour lui, et cependant, d'un autre côté, il avait remarqué l'influence étrange et presque magnétique qu'il exerçait sur elle.

— Je suis aux ordres de la reine, dit-il ; mais je crois qu'il serait bon de calmer les inquiétudes du roi et des personnes retirées au salon, et, si Votre Majesté le permet...

— Thérèse, dit la reine en s'adressant à la princesse de Lamballe, va annoncer au roi que je suis revenue à moi, et veille à ce que je ne sois pas interrompue ; j'ai à causer avec le docteur Gilbert.

La princesse obéit avec cette douceur passive qui était le trait dominant de son caractère et même de sa physionomie.

La reine, appuyée sur son coude, la suivit des yeux, attendit, comme si elle eût voulu lui donner le temps de s'acquitter de sa commission, et, voyant qu'effectivement, cette commission accomplie, grâce à la vigilance de madame de Lamballe, elle allait être libre de causer à loisir avec le docteur, elle se retourna de son côté, et, fixant ses regards sur le sien :

— Docteur, lui dit-elle, ne vous étonnez-vous point de ce hasard qui vous met presque toujours face à face avec moi dans les crises physiques ou morales de ma vie ? demanda-t-elle.

— Hélas ! madame, répondit Gilbert, je ne sais si je dois remercier ce hasard ou m'en plaindre.

— Pourquoi cela, monsieur ?

— Parce que je lis assez profondément dans le cœur pour m'apercevoir que ce n'est ni à votre désir ni à votre volonté que je dois cet honorable contact,

Aussi ai-je dit hasard... Vous savez que je suis franche. Et, cependant, docteur, dans les dernières circonstances qui nous ont fait agir de concert, vous m'avez montré un véritable dévouement ; je ne l'oublierai pas, et vous en remercie.

Gilbert s'inclina.

La reine suivit le mouvement de son corps et de son visage.

— Moi aussi, je suis physionomiste, dit-elle. Savez-vous ce que vous venez de me répondre, sans prononcer un mot ?

— Madame, dit Gilbert, je serais déséspéré que mon silence fût moins respectueux que mes paroles.

— Vous venez de me répondre : « C'est bien, vous m'avez remercié ; voilà une affaire réglée ; passons à une autre. »

— J'ai au moins éprouvé le désir que Sa Majesté mît mon dévouement à une épreuve qui lui permît de se manifester d'une façon plus efficace qu'il ne l'a fait jusqu'à présent... De là l'espèce de désireuse impatience que la reine a peut-être, en effet, remarquée sur ma physionomie.

— Monsieur Gilbert, dit la reine en regardant fixement le docteur, vous êtes un homme tout à fait supérieur, et je fais amende honorable : j'avais des préventions contre vous ; ces préventions n'existent plus.

— Votre Majesté me permettra de la remercier du plus profond de mon cœur, non du compliment qu'elle daigne me faire, mais de l'assurance qu'elle veut bien me donner.

— Docteur, reprit la reine, comme si ce qu'elle allait dire s'enchaînait naturellement à ce qu'elle avait dit, que pensez-vous de ce qui vient de m'arriver ?

— Madame, dit Gilbert, je suis un homme positif, un homme de science ; ayez la bonté de me poser la question d'une façon plus précise.

— Je vous demande, monsieur, si vous croyez que l'évanouissement dont je sors a été causé par une de ces crises nerveuses auxquelles les pauvres femmes sont soumises par la faiblesse de leur organisation, ou si vous soupçonnez à cet accident quelque cause plus sérieuse.

— Je répondrai à Votre Majesté que la fille de Marie-Thérèse, que la femme que j'ai vue si calme et si courageuse dans la nuit du 5 au 6 octobre, n'est point une femme ordinaire, et, par conséquent, n'a pu être émue d'un de ces accidents qui ont prise sur les femmes ordinaires.

— Vous avez raison, docteur, croyez-vous aux pressentiments ?

— La science repousse tous ces phénomènes qui tendraient à renverser le cours matériel des choses, et, cependant, parfois les faits sont là qui viennent donner un démenti à la science.

— J'aurais dû dire : croyez-vous aux prédictions ?

— Je crois que la suprême bonté a couvert, pour notre propre bonheur, l'avenir d'un voile impénétrable. Quelques esprits qui ont reçu de la nature une grande justesse mathématique peuvent arriver, par l'étude profonde du passé, à soulever un coin de ce voile, et à entrevoir, comme à travers un brouillard, les choses futures ; mais ces exceptions sont rares, et, depuis que la religion a aboli la fatalité, depuis que la philosophie a mis des limites à la foi, les prophètes ont perdu les trois quarts de leur magie... et cependant... ajouta Gilbert.

— Et cependant?... reprit la reine, voyant que, pensif, il s'arrêtait.

— Et cependant, madame, poursuivit-il, comme s'il faisait un effort sur lui-même pour aborder des questions que sa raison reléguait dans le domaine du doute, et cependant il est un homme.....

— Un homme?... dit la reine, qui suivait avec un intérêt haletant les paroles de Gilbert.

— Il est un homme qui a quelquefois

confondu par des faits irrécusables tous les arguments de mon intelligence.

— Et cet homme... c'est ?...

— Je n'ose le nommer devant Votre Majesté.

— Cet homme, c'est votre maître, n'est-ce pas, monsieur Gilbert ? l'homme tout-puissant, l'homme immortel, le divin Cagliostro !

— Madame, mon seul, mon unique, mon véritable maître, c'est la nature... Cagliostro n'est que mon sauveur. Percé d'une balle qui me traversait la poitrine, perdant tout mon sang par une blessure que, devenu médecin, et après vingt ans d'études, je regarde comme incurable, en quelques jours, grâce à un baume dont j'ignore la composition, il m'a guéri... De là ma reconnaissance, je dirai presque mon admiration.

— Et cet homme vous a fait des prédictions qui se sont accomplies ?

— D'étranges ! d'incroyables, madame ! Cet homme marche dans le présent avec une certitude qui ferait croire à sa connaissance de l'avenir.

— De sorte que, si cet homme vous avait prédit quelque chose, à vous, vous croiriez à sa prédiction ?

— J'agirais, du moins, comme si elle devait se réaliser.

— De sorte que, s'il vous avait prédit une mort prématurée, terrible, infamante, vous vous prépareriez à cette mort?

— Après toutefois, madame, dit Gilbert en regardant profondément la reine, après avoir cherché à y échapper par tous les moyens possibles.

— Y échapper?... Non, docteur, non, je vois bien que je suis condamnée! dit la reine. Cette révolution est un gouffre qui doit engloutir le trône; ce peuple est un lion qui me dévorera!

— Ah! madame, dit Gilbert, ce lion qui vous épouvante, il dépend de vous de le voir se coucher à vos pieds comme un agneau.

— Ne l'avez-vous pas vu à Versailles ?

— Ne l'avez-vous pas vu aux Tuileries ?... C'est l'Océan, madame, battant incessamment, jusqu'à ce qu'il le déracine, le rocher qui s'oppose à sa course, caressant comme une nourrice la barque qui se confie à lui...

— Docteur, tout est rompu depuis longtemps entre ce peuple et moi... Il me hait, et je le méprise.

— Parce que vous ne vous connaissez réellement ni l'un ni l'autre... cessez d'être pour lui une reine, devenez une mère; oubliez que vous êtes la fille de Marie-Thérèse, notre vieille ennemie; la sœur de Joseph II, notre faux ami; soyez française, et vous entendrez les voix de ce peuple s'élever vers vous pour vous bénir, et vous verrez les bras de ce peuple s'étendre vers vous pour vous caresser!

Marie-Antoinette haussa les épaules.

— Oui, je sais cela... Il bénit hier, il caresse aujourd'hui... demain il étouffe ceux-là même qu'il a bénis et caressés !

— Parce qu'il sent qu'il y a dans ceux-là une résistance à sa volonté, une haine en opposition avec son amour.

— Et sait-il lui-même ce qu'il aime ou ce qu'il hait, ce peuple, élément destructeur... destructeur à la fois comme le vent, l'eau et le feu, et qui a les caprices d'une femme ?

— Parce que vous le voyez du bord, madame, comme le visiteur des falaises voit l'Océan ; parce qu'avançant et reculant sans raison apparente, il brise à vos pieds son écume et vous enveloppe de ses plaintes, que vous prenez pour des rugissements ; mais ce n'est point ainsi qu'il faut le voir. Il faut le voir poussé par l'esprit du Seigneur, qui plane sur les grandes eaux ; il faut le voir comme Dieu le voit, marchant à l'unité et brisant tout ce qui lui est obstacle pour arriver à ce but. Vous êtes reine des Français, madame, et vous ignorez ce qui se passe à cette heure en

France... Levez votre voile, madame, au lieu de l'abaisser, et vous admirerez au lieu de cra 1dre !

— Que verrai-je donc de si beau, de si magnifique, de si splendide ?

— Vous verrez le nouveau monde éclore au milieu des ruines de l'ancien ; vous verrez le berceau de la France à venir flotter, comme celui de Moïse, sur un fleuve plus large que le Nil, que la Méditerranée, que l'Océan..... Dieu te protège, ô berceau ! Dieu te garde, ô France !

Et, si peu enthousiaste que fût Gilbert, il leva les bras et les yeux au ciel.

La reine le regardait avec étonnement : elle ne comprenait pas.

— Et où va-t-il aborder, ce berceau? demanda la reine; est-ce à l'Assemblée nationale, cette réunion de disputeurs, de démolisseurs, de niveleurs? Est-ce la vieille France qui doit guider la nouvelle ? Triste mère pour un si bel enfant, Monsieur Gilbert!

— Non, madame... Où ce berceau doit aborder, un jour ou l'autre, aujourd'hui, demain peut-être, c'est à une terre inconnue jusqu'à cette heure, et qu'on appelle LA PATRIE ; là, elle trouvera la vigoureuse nourrice qui fait les peuples forts, — la Liberté !

— Ah! de grands mots! dit la reine ; je croyais que l'abus les avait tués.

— Non, madame, dit Gilbert; de grandes choses! Voyez la France, au moment où tout est brisé déjà, et où rien n'est reconstruit encore; où elle n'a pas de municipalités régulières, de départements à peine; où elle n'a point de lois, mais où elle se fait sa loi à elle-même ; voyez-là franchir, l'œil fixe et la marche assurée, le passage qui la conduit d'un monde à l'autre, ce pont étroit jeté sur l'abîme... Voyez! ce pont, étroit comme celui de Mahomet, elle le traverse sans trébucher! Où va-t-elle, cette vieille France? A l'unité de la patrie! Tout ce qu'elle a cru difficile, pénible, insurmontable jusqu'ici lui est devenu, non-seulement possible, mais encore facile. Nos provinces étaient un faisceau de préjugés différents, d'intérêts opposés, de souvenirs individuels ; rien ne prévaudrait, croyait-on, contre ces vingt-cinq ou trente nationalités repoussant la nationalité générale ; le vieux Languedoc, la vieille Toulouse, la vieille Bretagne, consentiront-ils à se faire Bourgogne ou Dauphiné ? Non, madame ; mais tous se feront France ! Pourquoi étaient-ils ainsi entêtés de leurs droits, de leurs privilèges, de leur législation ? C'est qu'ils n'avaient point de patrie. Or, je vous l'ai dit, madame, la patrie leur est apparue, bien loin encore, dans l'avenir peut-être ; mais ils l'ont vue, mère immortelle et féconde, les appelant à elle, les bras ouverts ; enfants isolés et perdus, celle qui les appelle, c'est la mère commune ! Ils avaient l humilité de se croire Languedociens, Provençaux, Bretons, Normands, Bourguignons, Dauphinois ; non, ils se trompaient tous : ils étaient Français !

— Mais, à vous entendre, docteur, dit la reine avec un accent d'ironie, la France, cette vieille France, la fille aînée de l'Eglise, comme l'appellent les papes depuis le neuvième siècle, n'existerait que d'hier?

— Et voilà justement où est le miracle, madame ! C'est qu'il y avait une France, et qu'aujourd'hui il y a des

Français, non-seulement des Français, mais encore des frères, des frères qui se tiennent tous par la main. Eh! mon Dieu, madame, les hommes sont moins mauvais qu'on ne le dit; ils tendent à se socialiser; pour les désunir, pour les empêcher de se rapprocher, il a fallu tout un monde d'inventions contre nature : douanes intérieures, péages innombrables, barrières sur les routes, bacs sur les fleuves, diversité de lois, de règlements, de poids, de mesures; rivalités de provinces, de pays, de villes, de villages. Un beau jour, un tremblement de terre arrive qui secoue le trône, et qui renverse toutes ces vieilles murailles, qui détruit tous ces obstacles! Les hommes, alors, se regardent à la face du ciel, à cette douce et bonne lumière du soleil, qui féconde, non-seulement la terre, mais encore les cœurs ; la fraternité pousse comme une moisson sainte, et les ennemis eux-mêmes, étonnés des haines qui les ont agités si longtemps, s'avancent, non pas les uns contre les autres, mais les uns vers les autres ; les bras, non pas armés, mais ouverts ! Rien d'officiel, rien de commandé ! Sous cette marée qui monte, fleuves et montagnes disparaissent ; la géographie est tuée ; les accents sont encore divers, mais la langue est la même, et l'hymne universel que chantent trente millions de Français se compose de ces quelques mots : « Louons Dieu, qui nous a fait une patrie ! »

— Eh bien, où voulez-vous en venir, docteur? Croyez-vous me rassurer par la vue de cette fédération universelle de trente mille rebelles contre leur reine et leur roi?

— Ah! madame, détrompez-vous, s'écria Gilbert: ce n'est point le peuple qui est rebelle à sa reine et à son roi; c'est le roi et la reine qui sont rebelles à leur peuple, qui continuent à parler le langage des privilèges et de la royauté, quand on parle autour d'eux la langue de la fraternité et du dévouement. Jetez les yeux sur une de ces fêtes improvisées, madame, et vous y verrez presque toujours, au milieu d'une vaste plaine ou au sommet d'une colline, un autel, — autel pur comme celui d'Abel ! — sur cet autel, un petit enfant que tous adoptent, et qui, doté des vœux, des dons et des larmes de tous, devient l'enfant de tous ! Eh bien, madame, la France, cette France née d'hier et dont je vous parle, c'est l'enfant sur l'autel; seulement, autour de cet autel, ce ne sont plus les villes et les villages qui se groupent : ce sont les peuples, ce sont les nations... La France, c'est le Christ qui vient de naître dans une crèche, au milieu des humbles, pour le salut du monde, et les peuples se réjouissent à sa naissance, en attendant que les rois plient les genoux devant elle, et lui apportent leur tribut. L'Italie, la Pologne, l'Irlande, l'Espagne, regardent cet enfant né d'hier qui porte leur avenir, et, les yeux en larmes, elles lui tendent leurs mains enchaînées en criant : « France! France! nous sommes libres en toi!... » Madame, madame, continua Gilbert, il en est temps encore, prenez l'enfant sur l'autel, et faites-vous sa mère!

— Docteur, répondit la reine, vous oubliez que j'ai d'autres enfants, les enfants de mes entrailles, et qu'en faisant ce que vous dites, je les déshérite pour un enfant étranger.

— Alors, s'il en est ainsi, madame, dit Gilbert avec une profonde tristesse, enveloppez ces enfants dans votre manteau royal, dans le manteau de guerre de Marie-Thérèse, et emportez-les avec vous hors de France ; car, vous avez dit vrai, le peuple vous dévorera, et vos enfants avec vous... Seulement, il n'y a pas de temps à perdre ; hâtez-vous, madame, hâtez-vous !

— Et vous ne vous opposerez pas à ce départ, monsieur ?

— Loin de là, dit Gilbert ; maintenant que je sais vos véritables intentions, je vous y aiderai, madame.

— Eh bien, cela tombe à merveille, dit la reine, car il y a un gentilhomme tout prêt à agir, à se dévouer, à mourir...

— Ah ! madame, dit Gilbert avec terreur, ne serait-ce point de M. de Favras que vous voulez parler?

— Qui vous a dit son nom? qui vous a révélé son projet?

— Oh! madame, prenez garde! Celui-là aussi, une prédiction fatale le poursuit!

— Est-ce encore du même prophète?

— Toujours, madame.

— Et, selon ce prophète, quel sort attend le marquis?

— Une mort prématurée, terrible, infamante, comme celle dont vous parliez tout à l'heure.

— Alors, vous aviez raison de le dire, il n'y a pas de temps à perdre pour faire mentir ce prophète de malheur!

— Vous allez prévenir M. de Favras que vous acceptez son aide?

— On est chez lui à cette heure, monsieur Gilbert, et j'attends sa réponse.

En ce moment, et comme Gilbert, effrayé lui-même des circonstances dans lesquelles il se trouvait engagé, passait sa main sur son front pour y attirer la lumière, madame de Lamballe entra et dit deux mots tout bas à l'oreille de la reine.

— Qu'il entre! qu'il entre! s'écria la

reine ; le docteur sait tout... Docteur, continua-t-elle, c'est M. Isidore de Charny qui m'apporte la réponse du marquis de Favras... Demain, la reine aura quitté Paris ; après-demain, nous serons hors de France ! — Venez, baron, venez... Grand Dieu ! qu'avez-vous, et pourquoi êtes-vous si pâle ?

— Madame la princesse de Lamballe m'a dit que je pouvais parler devant le docteur Gilbert ? demanda Isidore.

— Et elle a dit vrai ; oui, oui, parlez... Vous avez vu le marquis de Favras... Le marquis est prêt... nous acceptons son offre... nous allons quitter Paris, quitter la France...

— Le marquis de Favras vient d'être

arrêté, il y a une heure, rue Beaurepaire, et conduit au Châtelet, répondit Isidore.

Le regard de la reine croisa celui de Gilbert, lumineux, désespéré, plein de colère.

Mais toute la force de Marie-Antoinette sembla s'être épuisée dans cet éclair.

Gilbert s'approcha d'elle, et, avec un accent de profonde pitié :

— Madame, lui dit-il, puis-je vous être bon à quelque chose? Disposez de moi; mon intelligence, mon dévouement, ma vie, je mets tout à vos pieds.

La reine leva lentement les yeux sur le docteur.

Puis, d'une voix lente et résignée :

— Monsieur Gilbert, dit elle, vous qui êtes si savant, et qui avez assisté à l'expérience de ce matin, êtes-vous d'avis que la mort que donne cette affreuse machine soit aussi douce que le prétend son inventeur?

Gilbert poussa un soupir, et voila ses yeux de ses mains.

En ce moment, Monsieur, qui savait tout ce qu'il voulait savoir, — car le bruit de l'arrestation du marquis de Favras s'était, en quelques secondes, répandu par tout le palais, — Monsieur demandait en toute hâte sa voiture, et partait, sans s'inquiéter de la santé de la reine, et presque sans prendre congé du roi.

Louis XVI lui barra le passage.

— Mon frère, dit-il, vous n'êtes point tellement pressé de rentrer au Luxembourg, je suppose, que vous n'ayez le temps de me donner un conseil. A votre avis, que dois-je faire?

— Vous voulez me demander ce que, à votre place, je ferais?

— Oui.

— J'abandonnerais M. de Favras, et je jurerais fidélité à la Constitution.

— Comment voulez-vous que je jure fidélité à une Constitution qui n'est pas achevée?

— Raison de plus, mon frère, dit Monsieur avec ce regard louche et faux qui partait des plus profondes sinuosités de son cœur, raison de plus pour ne pas vous croire obligé de tenir votre serment!

Le roi demeura un instant pensif.

— Soit, dit-il; cela n'empêche pas que je n'écrive à M. de Bouillé que notre projet tient toujours, mais est ajourné; ce retard donnera le temps au comte de Charny de relever la route que nous devons suivre.

VI

Monsieur désavoue Favras, et le roi prête serment
à la Constitution.

Le lendemain de l'arrestation de M. de Favras, cette singulière circulaire courut par tout Paris :

« Le marquis de Favras (place Royale) a été arrêté avec madame son épouse dans la nuit du 24 au 25, pour un plan qu'il avait fait de soulever trente mille hommes pour faire assassiner M. de la Fayette et le maire de la ville, et ensuite nous couper les vivres.

« Monsieur, frère du roi, était à la tête.

« Signé : Barauz. »

On comprend la révolution étrange que fit, dans le Paris de 1790, si facile à l'émotion, une pareille circulaire.

Une traînée de poudre allumée n'aurait pas produit une flamme plus rapide que celle qui s'éleva partout où passa le papier incendiaire.

D'abord, il fut dans toutes les mains ; une heure après, chacun le savait par cœur.

Le 26 au soir, les mandataires de la commune étant rassemblés en conseil à l'Hôtel-de-Ville, et lisant l'arrêté du comité des recherches qui venait d'être rendu, l'huissier annonça tout à coup que Monsieur demandait à être introduit.

— *Monsieur,* répéta le bon Bailly, qui présidait l'assemblée ; quel monsieur ?

— Monsieur, frère du roi, répondit l'huissier.

A ces mots, les membres de la commune se regardèrent les uns les autres. Le nom de Monsieur était, depuis la veille au matin, dans toutes les bouches.

— Mais, en se regardant, ils se levèrent.

Bailly jeta un coup d'œil interrogateur autour de lui, et, comme les réponses muettes qu'il lut dans les yeux de ses collègues, lui parurent unanimes :

— Allez annoncer à Monsieur, dit-il, que, bien qu'étonnés de l'honneur qu'il nous fait, nous sommes prêts à le recevoir.

Quelques secondes après, Monsieur était introduit.

Il était seul; son visage était pâle, et sa démarche, d'ordinaire assez mal assurée, était plus chancelante encore, ce soir-là, que de coutume.

Par bonheur pour le prince, chaque membre de la commune ayant des lumières près de lui, sur l'immense table en fer à cheval où chacun travaillait, le milieu de ce fer à cheval demeurait dans une obscurité relative.

Cette circonstance n'échappa point à Monsieur, qui parut se rassurer.

Il promena un regard timide encore sur cette nombreuse réunion, dans laquelle il trouvait au moins le respect, à défaut de sympathie, et, d'une voix tremblante d'abord, mais qui se raffermit par degrés :

— Messieurs, dit-il, le désir de repousser une calomnie atroce m'amène au milieu de vous. M. de Favras a été arrêté avant-hier, par ordre de votre comité des recherches, et l'on répand aujourd'hui avec affectation que j'ai de grandes liaisons avec lui...

Quelques sourires passèrent sur le visage des auditeurs, et des chuchottements accueillirent cette première partie du discours de Monsieur.

Il continua :

— En ma qualité de citoyen de la ville de Paris, j'ai cru devoir vous instruire moi-même des seuls rapports sous lesquels je connaisse M. de Favras.

Comme on le devine bien, l'attention de MM. les membres de la commune redoubla ; on tenait à savoir de la bouche même de Monsieur, quitte à en croire ce que l'on voudrait, quels étaient les rapports de Son Altesse Royale avec M. de Favras.

Son Altesse Royale continua en ces termes :

— En 1772, M. de Favras est entré

dans mes gardes-suisses; il en est sorti en 1775. Je ne lui ai point parlé depuis cette époque...

Un murmure d'incrédulité passa dans l'auditoire ; mais un regard de Bailly comprima ce murmure, et Monsieur put rester dans le doute s'il était approbatif ou improbatif.

Monsieur reprit :

— Privé depuis plusieurs mois de la jouissance de mes revenus, inquiet sur des paiements considérables que j'ai à faire en janvier, j'ai désiré pouvoir satisfaire à mes engagements sans être à charge au trésor public; j'avais résolu, en conséquence, de faire un emprunt.

M. de Favras m'a été indiqué, il y a quinze jours environ, par M. de la Châtre, comme pouvant effectuer cet emprunt sur un banquier de Gênes; en conséquence, j'ai souscrit une obligation de deux millions, somme nécessaire pour acquitter mes engagements du commencement de l'année et pour payer ma maison. Cette affaire étant purement de finance, j'ai chargé mon intendant de la suivre; je n'ai pas vu M. de Favras; je ne lui ai point écrit; je n'ai eu aucune communication avec lui. Ce qu'il a fait, d'ailleurs, m'est parfaitement inconnu (1).

Un ricannement parti des rangs du

(1) Nous reproduisons, sans y changer une syllabe, les propres paroles de Monsieur.

public prouva que tout le monde n'était pas disposé à croire ainsi sur parole à cette étrange assertion d'un prince confiant, sans le voir, deux millions de traites à un intermédiaire, surtout quand cet intermédiaire était un de ses anciens gardes.

Monsieur rougit, et sans doute pressé d'en finir avec la position fausse qu'il s'était faite, il continua vivement :

— Cependant, messieurs, j'ai appris hier que l'on distribuait avec profusion dans la capitale un papier conçu en ces termes...

Et Monsieur lut, alors, — ce qui était bien inutile, tout le monde l'ayant dans la main ou dans la mémoire, — le bulletin que nous avons cité tout à l'heure.

A ces mots : « Monsieur, frère du roi, était à la tête; » tous les membres de la commune s'inclinèrent.

Voulaient-ils dire qu'ils étaient de l'avis du bulletin ? voulaient-ils dire purement et simplement qu'ils étaient au courant de l'accusation ?

Monsieur poursuivit :

— Vous n'attendez pas de moi sans doute que je descende à me justifier d'un crime aussi bas ; mais, dans un temps où les calomnies les plus absurdes peuvent faire aisément confondre les meilleurs citoyens avec les ennemis de la révolution, j'ai cru, messieurs, devoir au roi, à vous et à moi-même d'entrer dans tous les détails que vous venez d'entendre, afin que l'opinion publique ne puisse rester un seul moment incertaine. Depuis le jour où, dans la seconde assemblée des notables je me déclarai sur la question fondamentale qui divisait encore les esprits, je n'ai pas cessé de croire qu'une grande révolution était prête ; que le roi, par ses intentions, ses vertus et son rang suprême devait en être le chef, puisqu'elle ne pouvait pas être avantageuse à la nation sans l'être également au monarque ; enfin, que l'autorité royale devait être le rempart de la liberté nationale, et la liberté nationale la base de l'autorité royale.

Quoique le sens de la phrase ne fût pas bien clair, l'habitude qu'on avait d'applaudir certaines combinaisons de mots fit que l'on applaudit celle-ci.

Encouragé, Monsieur haussa la voix, et ajouta, s'adressant avec un peu plus d'assurance aux membres de l'assemblée :

— Que l'on cite une seule de mes actions, un seul de mes discours qui ait démenti les principes que je viens d'émettre, qui ait montré que, dans quelque circonstance où j'aie été placé, le bonheur du roi, celui du peuple, ait cessé d'être l'unique objet de mes pensées et de mes vœux ; jusque-là, j'ai le droit d'être cru. Je n'ai jamais changé de sentiments ni de principes, et je n'en changerai jamais !

Tout romancier que nous nous sommes fait, nous avons momentanément empiété sur l'histoire en donnant le discours filandreux de son Altesse Royale dans toute son étendue. Il est bon que même les lecteurs de romans sachent quel était, à trente-cinq ans, le prince qui devait nous donner, à soixante, la Charte ornée de son article 14.

Or, comme nous ne voulons pas être plus injuste pour Bailly que pour son Altesse Royale, nous donnerons la réponse du maire de Paris comme nous avons donné le discours de Monsieur.

Bailly répondit :

— C'est une grande satisfaction pour les représentants de la commune de Paris de voir parmi eux le frère d'un roi chéri, d'un roi le restaurateur de la liberté française. Augustes frères, vous êtes unis par les mêmes sentiments. Monsieur s'est montré le premier citoyen du royaume en votant pour le tiers-état dans la seconde assemblée des notables ; il a été presque le seul de cet avis avec un très petit nombre d'amis du peuple, et il a ajouté la dignité de la raison à tous ses autres titres au respect de la nation. Monsieur est donc le premier auteur de l'égalité civile ; il en donne un nouvel exemple aujourd'hui en venant se mêler parmi les représentants de la commune, où il semble ne vouloir être apprécié que pour ses sentiment patriotiques ; ces sentiments sont consignés dans les explications que Monsieur veut bien donner à l'assemblée. Le prince va au-devant de l'opinion publique ; le citoyen met le prix à l'opinion de ses concitoyens, et j'offre à Monsieur, au nom de l'assemblée, le tribut de respect et de reconnaissance qu'elle doit à ses sentiments, à l'honneur de sa présence, et surtout au prix qu'il attache à l'estime des hommes libres.

Alors, comme Monsieur comprit que,

malgré le grand éloge que faisait Bailly de sa conduite, cette conduite serait diversement appréciée, il répondit avec cet air paterne qu'il savait si bien prendre dans les circonstances où il pouvait lui être utile :

— Messieurs, le devoir que je viens de remplir a été pénible pour un cœur vertueux ; mais j'en suis bien dédommagé par les sentiments que l'assemblée vient de me témoigner, et ma bouche ne doit plus s'ouvrir que pour demander la grâce de ceux qui m'ont offensé.

On le voit, Monsieur ne s'engageait ni n'engageait l'assemblée. Pour qui demandait-il grâce ? Ce n'était point pour Favras ; car nul ne savait encore si Favras était coupable, et, d'ailleurs, Favras n'avait point offensé Monsieur.

Non, Monsieur demandait tout simplement la grâce de l'auteur anonyme de la circulaire qui l'accusait ; mais l'auteur n'avait pas besoin de grâce, puisqu'il était inconnu.

Les historiens passent si souvent sans les relever près des infamies des princes, que c'est à nous autres romanciers à faire, dans ce cas-là, leur office, au risque de voir, pendant un chapitre, le roman devenir aussi ennuyeux que l'histoire.

Il va sans dire que, lorsque nous parlons d'historiens aveugles ou d'histoires ennuyeuses, on sait de quels historiens et de quelles histoires nous parlons.

Monsieur avait donc, pour son compte, pratiqué une partie des conseils qu'il avait donnés à son frère Louis XVI.

Il avait renié M. de Favras, et, comme on le voit aux éloges que lui avait décernés le vertueux Bailly, la chose avait obtenu un plein succès.

Ce que voyant sans doute le roi Louis XVI, il se décida, de son côté, à jurer fidélité à la constitution.

Un beau matin, l'huissier vint dire au président de l'Assemblée, qui était ce jour-là, M. Bureaux de Puzy, — comme l'huissier de la commune était venu dire au maire, pour Monsieur, — que le roi, avec un ou deux ministres et trois ou quatre officiers, frappait à la porte du Manége, comme Monsieur avait frappé a la porte de l'Hotel-de-Ville.

Les représentants du peuple se regardèrent étonnés. Que pouvait avoir à leur dire le roi, qui depuis si longtemps marchait séparé d'eux?

On fit entrer Louis XVI, et le président lui céda son fauteuil.

A tout hasard, la salle éclata en acclamations. A part Pétion, Camille Desmoulins et Marat, toute la France était encore ou croyait être encore royaliste.

Le roi avait éprouvé le besoin de venir féliciter l'Assemblée sur ses travaux ; il avait à louer cette belle division de la France en départements ; mais, ce qu'il ne voulait pas tarder à exprimer surtout car ce sentiment l'étouffait, c'était son amour ardent pour la constitution.

Le commencement du discours, — n'oublions pas que, noir ou blanc, royaliste ou constitutionnel, aristocrate ou patriote, pas un seul représentant ne savait où allait le roi, — le commencement du discours causa quelques inquiétudes ; le milieu prédisposa les esprits à la reconnaissance ; mais la fin, — oh ! la fin ! — la fin porta les sentiments de l'Assemblée jusqu'à l'enthousiasme !

Le roi ne pouvait résister au désir d'exprimer son amour pour cette pauvre petite constitution de 1791 qui n'était pas encore née; que serait-ce donc quand elle aurait complétement vu le jour?...

Alors, ce ne serait plus de l'amour que le roi aurait pour elle, ce serait du fanatisme !

Nous ne citons pas le discours du roi ; — peste ! il a six pages ! — c'est bien assez d'avoir cité le discours de Monsieur, qui n'en a qu'une, et qui, cependant, nous a paru terriblement long.

Tant il y a que Louis XVI ne parut pas trop prolixe à l'Assemblée, qui pleura d'attendrissement en l'écoutant.

Quand nous disons qu'elle pleura, ce n'est point une métaphore : Barnave pleurait, Lameth pleurait, Duport pleurait, Mirabeau pleurait, Barrère pleurait ; c'était un véritable déluge !

L'Assemblée en perdit la tête ; elle se leva tout entière ; les tribunes se levèrent ; chacun étendit la main, et fit serment de fidélité à cette constitution qui n'existait pas encore.

Le roi sortit ; — mais le roi et l'Assemblée ne pouvaient se quitter ainsi : elle sort derrière lui ; elle se précipite ; elle lui fait cortège... elle arrive aux Tuileries ; la reine la reçoit.

La reine ! elle n'est pas enthousiaste ;

elle, la rude fille de Marie-Thérèse ; elle ne pleure pas, la digne sœur de Léopold. Elle présente son fils aux députés de la nation.

— Messieurs, dit-elle, je partage tous les sentiments du roi ; je m'unis de cœur et d'affection à la démarche que sa tendresse pour son peuple vient de lui dicter. Voici mon fils ; je n'oublierai rien pour lui apprendre de bonne heure à imiter les vertus du meilleur des pères, à respecter la liberté publique et à maintenir les lois, dont j'espère qu'il sera le plus ferme soutien.

Il fallait un enthousiasme bien réel pour qu'un pareil discours ne le refroidît point ; celui de l'Assemblée était chauffé à blanc. On proposa de prêter à l'instant même le serment ; on le formula séance tenante ; — le premier de tous, le président fit entendre ces paroles :

« Je jure d'être fidèle à la nation, à la loi et au roi, et de maintenir de tout mon pouvoir la constitution décrétée par l'Assemblée nationale et acceptée par le roi. »

Et tous les membres de l'Assemblée, à l'exception d'un seul, levèrent la main chacun à son tour, et répétèrent : « Je le jure ! »

Les dix jours qui suivirent cette bienheureuse démarche, qui venait de rendre la joie à l'Assemblée, le calme à Paris, la paix à la France, s'écoulèrent en fêtes, en bals, en illuminations. On n'entendait de toutes parts que serments prêtés ; on jurait partout : on jurait sur la Grève, à l'Hôtel-de Ville, dans les églises, dans les rues ; sur les places publiques, on dressait des autels à la patrie; on y conduisait les écoliers, et les écoliers juraient, comme s'ils étaient déjà des hommes, et comme s'ils savaient ce que c'était qu'un serment.

L'Assemblée commanda un *Te Deum* où elle assista en masse. Là, on renouvela sur l'autel, en face de Dieu, le serment déjà fait.

Seulement, le roi n'alla point à Notre-Dame, et, par conséquent, ne jura point.

On remarqua son absence; mais on était si joyeux, on était si confiant, que l'on se contenta du premier prétexte qu'il lui plut de donner.

— Pourquoi donc n'avez-vous pas été au *Te Deum*? pourquoi donc n'avez-vous pas juré sur l'autel, comme les autres? demanda ironiquement la reine.

— Parce que je veux bien mentir, madame, mais non point me parjurer.

La reine respira.

Jusque-là, comme tout le monde, elle avait cru à la bonne foi du roi!

VII

Un gentilhomme.

Cette visite du roi à l'Assemblée avait eu lieu le 4 février 1790.

Douze jours plus tard, c'est-à-dire dans la nuit du 17 au 18 du même mois, en l'absence de M. le gouverneur du Châtelet, qui avait demandé et obtenu le jour même un congé pour se rendre à

Soissons, près de sa mère mourante, un homme se présenta à la porte de la prison porteur d'un ordre signé de M. le lieutenant de police, lequel ordre autorisait le visiteur à conférer sans témoins avec M. de Favras.

L'ordre était-il réel ou falsifié? c'est ce que nous n'oserions dire ; mais, en tout cas, le sous-gouverneur, que l'on réveilla pour le lui soumettre, le reconnut bon, puisqu'il ordonna aussitôt que, malgré l'heure avancée de la nuit, le porteur de l'ordre fût introduit dans le cachot de M. de Favras.

Après quoi, s'en rapportant à la bonne garde de ses porte-clefs à l'intérieur et de ses sentinelles à l'extérieur, il alla se remettre au lit, pour y achever sa nuit, si malencontreusement interrompue.

Le visiteur, sous prétexte d'avoir, en tirant l'ordre de son portefeuille, laissé tomber un papier important, prit la lampe et chercha à terre, jusqu'à ce qu'il eût vu M. le sous-directeur du Châtelet rentrer dans sa chambre. Alors, il déclara qu'il croyait avoir laissé ce papier sur sa table de nuit, et qu'en tout cas, si on le retrouvait, il priait qu'on le lui rendît au moment de son départ.

Puis, donnant la lampe au porte-clefs qui attendait, il l'invita à le conduire au cachot de M. de Favras.

Le guichetier ouvrit une porte, fit passer l'inconnu, passa à son tour, et referma la porte derrière lui.

Il paraissait regarder cet inconnu avec curiosité, comme s'il s'attendait que, d'un moment à l'autre, celui-ci dût lui adresser la parole pour une importante communication.

On descendit douze marches, et l'on s'engagea dans un corridor souterrain.

Puis, une seconde porte se présenta, que le guichetier ouvrit et referma comme la première.

L'inconnu et son guide se trouvèrent, alors, sur une espèce de palier, ayant devant eux un second étage de marches à descendre ; l'inconnu s'arrêta, plongea son regard dans les profondeurs du corridor sombre.

Et, lorsqu'il se fut bien assuré que l'obscurité était aussi solitaire que muette :

— Vous êtes le porte-clefs Louis? demanda-t-il.

— Oui, répondit le guichetier.

— Frère de la loge américaine?

— Oui.

— Vous avez été placé ici, il y a huit jours, par une main mystérieuse, pour y accomplir une œuvre inconnue ?

— Oui.

— Vous êtes prêt à accomplir cette œuvre ?

— Je suis prêt.

— Vous devez recevoir des ordres d'un homme ?

— Oui, du Messie.

— A quoi devez-vous reconnaître cet homme ?

— A trois lettres brodées sur un plastron.

— Je suis l'homme, et voici les trois lettres.

Et, à ces mots, le visiteur ouvrit son jabot de dentelle et, sur sa poitrine, montra brodées ces trois lettres, dont nous avons déjà, dans le cours de cette histoire, eu plus d'une fois l'occasion de montrer l'influence : **L. P. D.**

— Maître, dit le geôlier en s'inclinant, je suis à vos ordres.

— **Bien. Ouvrez-moi le cachot de M. de Favras et tenez-vous prêt à obéir.**

Le geôlier s'inclina sans répondre, passa devant pour éclairer la route, et, s'arrêtant devant une porte basse :

— C'est ici, murmura-t-il.

L'inconnu fit un signe de la tête; la

clef, introduite dans la serrure, grinça deux fois, et la porte s'ouvrit.

Tout en prenant vis à vis du prisonnier les plus rigoureuses mesures de sûreté, jusqu'à le mettre dans un cachot enterré de vingt pieds sous le sol, on avait eu quelque attention pour sa qualité. Il avait un lit propre et des draps blancs; près de ce lit était une table chargée de plusieurs livres, et portant de l'encre, des plumes et du papier destiné, sans doute, à préparer un mémoire de défense.

Une lampe éteinte dominait le tout.

Dans un coin brillaient, sur une seconde table, des ustensiles de toilette tirés d'un élégant nécessaire aux armes du marquis ; appuyée à la muraille était une petite glace sortant du même nécessaire.

M. de Favras dormait si profondément, que la porte s'ouvrit, que l'inconnu s'approcha de lui, que le geôlier posa la seconde lampe près de la première, et sortit, sur un geste du visiteur, sans que le bruit et le mouvement qui avaient été faits pussent le tirer de son sommeil.

L'inconnu considéra un instant cet homme endormi avec un sentiment de profonde mélancolie; puis, comme s'il se fût rappelé que le temps était précieux, quelque regret qu'il parût avoir de troubler ce bon repos, il lui posa la main sur l'épaule.

Le prisonnier tressaillit et se retourna vivement, les yeux tout grands ouverts, comme font d'habitude ceux qui se sont endormis s'attendant à être réveillés par une mauvaise nouvelle.

— Tranquillisez-vous, monsieur de Favras, dit l'inconnu, c'est un ami...

M. de Favras regarda un instant le visiteur nocturne avec un air de doute qui exprimait son étonnement qu'un ami vînt le chercher à dix-huit ou vingt pieds au-dessous du sol.

Puis, tout à coup, rappelant ses souvenirs :

— Ah! ah! dit-il, monsieur le baron Zannone!

— Moi-même, cher marquis.

Favras jeta, en souriant, un regard autour de lui, et, montrant du doigt au baron un escabeau libre de tous livres et de tous vêtements :

— Donnez-vous donc la peine de vous asseoir, lui dit-il.

— Mon cher marquis, dit le baron, je viens vous proposer une chose qui n'admet point une longue discussion ; — et puis, nous n'avons pas de temps à perdre...

— Que venez-vous me proposer, mon

cher baron? J'espère que ce n'est pas un emprunt!

— Pourquoi cela?

— Parce que les garanties que j'aurais à vous donner me paraissent médiocrement sûres...

— Ce ne serait point une raison avec moi, marquis, et je serais tout prêt, au contraire, à vous offrir un million.

— A moi? dit Favras en souriant.

— A vous, oui... Mais comme ce serait à des conditions que vous n'accepteriez pas, je ne vous ferai pas même cette offre.

— Alors, comme vous m'avez prévenu

que vous étiez pressé, mon cher baron, venez au fait.

— Vous savez que c'est demain qu'on vous juge, marquis?

— Oui, j'ai entendu dire quelque chose comme cela, répondit Favras.

— Vous savez que les juges devant lesquels vous paraissez sont les mêmes qui ont acquitté Augeard et Besenval ?

— Oui.

— Vous savez que l'un et l'autre n'ont été acquittés que par l'intervention toute-puissante de la cour ?

— Oui, répondit pour la troisième fois

Favras, sans que sa voix eût subi la moindre altération dans ces trois réponses.

— Vous espérez, sans doute, que la cour fera pour vous ce qu'elle a fait pour vos devanciers ?

— Ceux avec lesquels j'ai eu l'honneur d'être en relations pour l'entreprise qui m'a conduit ici savent ce qu'ils doivent faire à mon égard, monsieur le baron... ce qu'ils feront sera bien fait.

— Ils ont déjà pris leur parti à cet égard, monsieur le marquis, et je puis vous instruire de ce qu'ils ont fait.

Favras ne témoigna aucune curiosité de le savoir.

— Monsieur, continua le visiteur, s'est présenté à l'Hôtel-de-Ville, et a déclaré qu'il vous connaissait à peine ; qu'en 1772, vous étiez entré dans ses gardes-suisses ; que vous en étiez sorti en 1775, et que, depuis cette époque, il ne vous avait pas vu.

Favras inclina la tête en signe d'adhésion.

— Quant au roi, non-seulement il ne pense plus à fuir, mais encore il s'est, le 4 courant, rallié à l'Assemblée nationale, et a juré la constitution.

Un sourire passa sur les lèvres de Favras.

— Vous doutez ? demanda le baron.

— Je ne dis point cela, répondit Favras.

— Ainsi, vous le voyez, marquis, il ne faut pas compter sur Monsieur, il ne faut pas compter sur le roi.

— Au fait, monsieur le baron.

— Vous allez donc passer demain devant vos juges...

— Vous m'avez fait l'honneur de me le dire.

— Vous serez condamné...

— C'est probable.

— A mort.

— C'est possible.

Favras s'inclina en homme prêt à recevoir, quel qu'il soit, le coup qui doit le frapper.

— Mais, fit le baron, savez-vous à quelle mort, mon cher marquis ?

— Y a-t-il deux morts, mon cher baron ?

— Oh ! il y en a dix : il y a le pal, l'écartellement, le lacet, la roue, la potence, la tête tranchée... ou plutôt, la semaine dernière encore, il y avait toutes ces morts-là ; aujourd'hui, comme vous dites, il n'y en a plus qu'une, le gibet !

— Le gibet ?

— Oui, l'Assemblée nationale, après avoir proclamé l'égalité devant la loi, a trouvé juste de proclamer l'égalité devant la mort... Maintenant, nobles et vilains sortent de ce monde par la même porte : ils sont pendus, marquis.

— Ah! ah! fit Favras.

— Condamné à mort, vous serez pendu ; ce qui sera fort triste pour un gentilhomme qui ne craint pas la mort, j'en suis sûr, mais qui répugne à la potence.

— Ah çà ! monsieur le baron, dit Favras, êtes-vous venu pour m'annoncer seulement toutes ces bonnes nouvelles, ou vous reste-t-il encore quelque chose de mieux à me dire ?

— Je suis venu pour vous annoncer que tout était prêt pour votre évasion, et pour vous dire que, dans dix minutes, si vous le voulez, vous pouvez être hors de votre prison, et, dans vingt-quatre heures, hors de France.

Favras réfléchit un instant, sans que l'offre que venait de lui faire le baron parût lui causer aucune émotion ; puis, s'adressant à son interlocuteur :

— Cette offre me vient elle du roi ou de son Altesse Royale ? demanda-t-il.

— Non, monsieur, elle vient de moi.

Favras regarda le baron.

— De vous, monsieur ! dit-il, et pourquoi de vous ?

— A cause de l'intérêt que je vous porte, marquis.

— Quel intérêt pouvez-vous me porter, monsieur? dit Favras ; vous m'avez vu deux fois.

— On n'a pas besoin de voir un homme deux fois pour le connaître, mon cher marquis. Or, les vrais gentilshommes sont rares, et j'en veux conserver un, je ne dirai pas à la France, mais à l'humanité.

— Vous n'avez pas d'autre raison ?

— J'ai celle-ci, monsieur, qu'ayant négocié avec vous un emprunt de deux millions, et vous ayant versé l'argent, je vous ai donné les moyens de marcher plus avant dans votre complot, découvert aujourd'hui, et, par conséquent, j'ai involontairement contribué à votre mort.

Favras sourit.

— Si vous n'avez commis d'autre crime que celui-là, dormez tranquille, dit Favras, je vous absous !

— Comment! s'écria le baron, vous refusez de fuir ?

Favras lui tendit la main.

— Je vous remercie du plus profond de mon cœur, monsieur, répondit-il ; je vous remercie au nom de ma femme et de mes enfants ; mais je refuse.

— Parce que vous croyez peut-être nos mesures mal prises, marquis, et que vous craignez qu'une tentative d'évasion avortée n'aggrave votre affaire ?

— Je crois, monsieur, que vous êtes un homme prudent, et je dirai plus, aventureux, puisque vous venez vous-même me proposer cette évasion ; mais, je vous le répète, je ne veux pas fuir.

— Sans doute, monsieur, craignez-vous que, forcé de sortir de France, vous n'y laissiez votre femme et vos enfants dans la misère ?... J'ai prévu le cas, monsieur, et puis vous offrir ce portefeuille, dans lequel il y a cent mille francs en billets de caisse.

Favras regarda le baron avec une espèce d'admiration.

Puis, secouant la tête :

— Ce n'est pas cela, monsieur, dit-il ; sur votre parole, et sans que vous eussiez besoin de me remettre ce portefeuille, j'aurais quitté la France, si mon intention avait été de fuir ; mais, encore une fois, ma résolution est prise, je ne fuirai pas.

Le baron regarda celui qui lui faisait ce refus, comme s'il eût douté qu'il possédât toute sa raison.

— Cela vous étonne, monsieur, dit Favras avec une singulière sérénité, et vous vous demandez, sans oser me le demander à moi-même, d'où me vient cette étrange résolution d'aller jusqu'au bout, et de mourir, s'il le faut, de quelque mort que ce soit.

— Je vous l'avoue, monsieur.

— Eh bien! je vais vous le dire. Je suis royaliste, monsieur ; mais non pas à la manière de ceux qui émigrent à l'étranger ou qui dissimulent à Paris. Mon opinion, ce n'est point un fait reposant sur un calcul d'intérêt ; c'est un culte, une croyance, une religion, monsieur, et les rois ne sont pas autre chose pour moi que ce que seraient un archevêque et un pape, c'est-à-dire les représentants visibles de cette religion dont je vous parlais tout à l'heure. Si je fuis, on supposera que c'est ou le roi ou Monsieur qui m'ont fait fuir ; or, s'ils m'ont fait fuir, ils sont mes complices, et Monsieur, qui est venu me renier à la tribune, le roi, qui a feint de ne pas me connaître, sont atteints du coup qui frappe dans le vide. Les religions tombent, monsieur le baron, quand elles n'ont plus de martyrs ; eh bien ! moi, je relèverai la mienne en mourant pour elle. Ce sera un reproche donné au passé, un avertissement donné à l'avenir.

— Mais pensez donc au genre de mort qui vous attend, marquis !

— Plus la mort sera infâme, monsieur, plus le sacrifice sera méritoire, le Christ est mort sur une croix entre deux larrons.

— Je comprendrais cela, monsieur, dit le baron, si votre mort devait avoir, pour la royauté, la même influence que celle du Christ eut pour le monde ; mais les péchés des rois sont tels, marquis, que j'ai bien peur, non-seulement que le sang d'un simple gentilhomme, mais encore que celui d'un roi ne suffise pas à les racheter.

— Il en sera ce qu'il plaira à Dieu, monsieur le baron ; mais, dans cette époque d'irrésolution et de doute où tant de gens manquent à leur devoir, je mourrai avec la consolation d'avoir fait le mien.

— Eh! non, monsieur, dit le baron d'un air d'impatience, vous mourrez tout simplement avec le regret d'être mort sans aucune utilité !

— Quand le soldat désarmé ne veut pas fuir, quand il attend l'ennemi, quand il brave la mort, quand il la reçoit, il sait parfaitement que cette mort est inutile ; seulement, il s'est dit que la fuite serait honteuse, et il a mieux aimé mourir.

— Monsieur, dit le baron, je ne me tiens pas pour battu ; — il tira sa montre : elle marquait trois heures du matin. —

Nous avons encore une heure, continuat-il ; je vais m'asseoir à cette table, et lire une demi-heure... Pendant ce temps, réfléchissez. Dans une demi-heure, vous me rendrez une réponse définitive.

Et, prenant une chaise, il s'assit devant la table, le dos tourné au prisonnier, ouvrit un livre, et lut.

— Bonne nuit, monsieur! dit Favras ; et il se retourna du côté du mur, sans doute pour réfléchir avec moins de distraction.

Le lecteur tira deux ou trois fois sa montre de son gousset, plus impatient que le prisonnier ; puis, la demi-heure écoulée, il se leva et s'approcha du lit.

Mais il eut beau attendre, Favras ne se retourna point.

Alors, le baron Zannone se pencha sur lui, et, à sa respiration régulière et calme, il s'aperçut que le prisonnier dormait.

— Allons, dit-il, se parlant à lui-même, je suis battu... Mais le jugement n'est point encore prononcé ; peut-être doute-t-il encore...

Et, ne voulant pas réveiller le malheureux qu'un si long et si profond sommeil attendait dans quelques jours, il prit la plume, et écrivit sur une feuille de papier blanc :

« Quand le jugement sera prononcé,

quand M. de Favras sera condamné à mort, quand il n'aura plus d'espoir ni dans ses juges, ni dans Monsieur, ni dans le roi, s'il change d'avis, il n'aura qu'à appeler le guichetier Louis, et lui dire : *Je suis décidé à fuir*, et l'on trouvera moyen de favoriser sa fuite.

« Quand M. de Favras sera dans le tombereau fatal, quand M. de Favras fera amende honorable devant Notre-Dame, quand M. de Favras traversera, pieds nus et les mains liées, le court espace qui sépare les marches de l'Hôtel-de-Ville, où il aura été faire son testament de mort, du gibet dressé sur la Grève, il n'aura qu'à prononcer à haute voix ces paroles: *Je veux être sauvé* ! et il sera sauvé.

« CAGLIOSTRO. »

Sur quoi, le visiteur prit la lampe, s'approcha une seconde fois du prisonnier pour s'assurer s'il était réveillé, et, voyant qu'il dormait toujours, il regagna, non sans se retourner plusieurs fois, la porte de la cellule, derrière laquelle, avec l'impassible résignation de ces adeptes prêts à tous les sacrifices pour arriver à l'accomplissement du grand œuvre qu'ils avaient entrepris, se tenait, debout et immobile, le guichetier Louis.

— Eh bien, maître, demanda celui-ci, que dois-je faire ?

— Rester dans la prison, et obéir à tout ce que te commandera M. de Favras.

Le guichetier s'inclina, reprit la lampe des mains de Cagliostro, et marcha respectueusement devant lui comme un valet qui éclaire son maître.

VIII

Où la prédiction de Cagliostro s'accomplit.

Le même jour, à une heure de l'après-midi, le greffier du Châtelet descendit avec quatre hommes armés dans la prison de M. de Favras, et lui annonça qu'il allait paraître devant ses juges.

M. de Favras avait été prévenu, pendant la nuit, de cette circonstance par

Cagliostro, et, vers les neuf heures de la matinée, par le sous-directeur du Châtelet.

Le rapport du procès avait commencé à neuf heures et demie du matin, et, à trois heures de l'après-midi durait encore.

Depuis neuf heures du matin, la salle était encombrée de curieux qui s'y étaient entassés pour voir celui dont la sentence allait être prononcée.

Nous disons celui dont la sentence allait être prononcée, attendu que personne ne doutait de la condamnation de l'accusé.

Il y a, dans les conspirations politiques, de ces malheureux qui sont dévoués d'avance ; on sent qu'il faut une victime expiatoire, et qu'ils sont fatalement désignés pour être cette victime.

Quarante juges étaient rangés en cercle au haut de la salle ; le président sous un dais ; — un tableau représentant Jésus crucifié, derrière lui, et, devant lui, à l'autre extrémité de la salle, le portrait du roi.

Une haie de grenadiers nationaux garnissait le pourtour du prétoire ; intérieurement et extérieurement la porte était gardée par quatre hommes.

A trois heures un quart, les juges

donnèrent l'ordre d'aller chercher l'accusé.

Un détachement de douze grenadiers, qui, le fusil au pied, attendaient cet ordre au milieu de la salle, se mit en marche.

Dès lors, toutes les têtes, même celles des juges, se tournèrent vers la porte par laquelle M. de Favras devait entrer.

Au bout d'un quart d'heure à peu près, on vit reparaître quatre grenadiers.

Derrière eux marchait le marquis de Favras.

Les huit autres grenadiers le suivaient.

Le prisonnier entra au milieu d'un de ces silences effrayants que savent faire deux mille personnes entassées dans la même chambre, quand apparaît, enfin, l'homme ou la chose qui est l'objet de l'attente générale.

Sa physionomie était parfaitement calme; sa toilette était faite avec le plus grand soin. Il portait un habit de soie brodé gris-clair, une veste de satin blanc, une culotte pareille à l'habit, des bas de soie, des souliers à boucles, et la croix de Saint-Louis à sa boutonnière.

Il était surtout coiffé avec une rare coquetterie, poudré à blanc, et *un cheveu ne dépassait point l'autre,* disent, dans leur

Histoire de la Révolution, les Deux Amis de la Liberté.

Pendant le court espace de temps que mit M. de Favras à franchir l'intervalle qui s'étendait de la porte au banc des accusés, toutes les respirations demeurèrent suspendues.

Quelques secondes s'écoulèrent entre l'arrivée de l'accusé et les premiers mots que lui adressa le président.

Enfin, faisant de la main, — ce qui était inutile, — le geste habituel aux juges pour recommander le silence :

— Qui êtes-vous? lui demanda le président d'une voix émue.

— Je suis accusé et prisonnier, répondit Favras avec le plus grand calme.

— Comment vous nommez-vous ?

— Thomas de Mahi, marquis de Favras.

— D'où êtes-vous ?

— De Blois.

— Quel est votre état ?

— Colonel au service du roi.

— Où demeurez-vous ?

— Place Royale, numéro vingt-un.

— Quel âge avez-vous ?

— Quarante-six ans.

— Asseyez-vous.

Le marquis obéit.

Alors seulement, la respiration sembla revenir aux assistants ; il passa dans l'air comme un souffle terrible, comme un souffle de vengeance.

L'accusé ne s'y trompa point. Il regarda autour de lui : tous les yeux brillaient du feu de la haine, tous les poings menaçaient ; on sentait qu'il fallait une victime à ce peuple, aux mains duquel on venait d'arracher Augeard et Besenval, et qui demandait tous les jours à grands cris qu'on pendît, en effigie du moins, le prince de Lambesc.

Au milieu de tous ces visages irrités, l'accusé reconnut la figure calme et l'œil sympathique de son visiteur nocturne.

Il le salua d'un geste imperceptible et continua sa revue.

— Accusé, dit le président, tenez-vous prêt à répondre.

Favras s'inclina.

— Je suis à vos ordres, monsieur le président, dit-il.

Alors, commença un second interrogatoire, que l'accusé soutint avec le même calme que le premier.

Puis vint l'audition des témoins à charge.

Favras, qui refusait de défendre sa vie par la fuite, voulait la défendre par la discussion; il avait fait assigner quatorze témoins à décharge.

Les témoins à charge entendus, il s'attendait à voir venir les siens, lorsque, tout à coup, le président prononça ces paroles :

— Messieurs, les débats sont clos.

— Pardon, monsieur, dit Favras avec sa courtoisie habituelle, vous oubliez une chose, — il est vrai qu'elle est de peu d'importance, — vous oubliez de faire déposer les quatorze témoins assignés à ma requête.

— La cour, répondit le président, a

décidé qu'ils ne seraient point entendus.

Quelque chose comme un nuage passa sur le front de l'accusé, puis un éclair jaillit de ses yeux.

— Je croyais être jugé par le Châtelet de Paris, dit-il ; je me trompais : je suis jugé, à ce qu'il paraît, par l'inquisition d'Espagne !

— Emmenez l'accusé, dit le président.

Favras fut reconduit à sa prison. Son calme, sa courtoisie, son courage avaient fait une certaine impression sur ceux des spectateurs qui étaient venus là sans préjugés.

Mais, il faut le dire, c'était le petit nombre. La retraite de Favras fut accompagnée de cris, de menaces, de huées.

— Pas de grâce! pas de grâce! criaient cinq cents voix sur son passage.

Ces vociférations le suivirent de l'autre côté des portes de sa prison.

Alors, comme se parlant à lui-même :

— Voilà ce que c'est que de conspirer avec les princes! murmura-t-il.

Aussitôt après la sortie de l'accusé, les juges entrèrent en délibération.

A son heure habituelle, Favras se coucha.

Vers une heure du matin, on entra dans sa prison, et on le réveilla.

C'était le porte-clefs Louis.

Il avait pris le prétexte d'apporter au prisonnier une bouteille de vin de Bordeaux, que celui-ci n'avait pas demandée.

— Monsieur le marquis, dit-il, les juges prononcent en ce moment-ci votre jugement.

— Mon ami, dit Favras, si c'est pour cela que tu m'as réveillé, tu pouvais me laisser dormir.

— Non, monsieur le marquis, je vous ai réveillé pour vous demander si vous n'avez rien à faire dire à la personne qui est venue vous visiter la nuit dernière?

— Rien.

— Réfléchissez, monsieur le marquis ; quand le jugement sera prononcé vous serez gardé à vue, et, si puissante que soit cette personne-là, peut-être sa volonté sera-t-elle enchaînée par l'impossibilité.

— Merci, mon ami, dit Favras ; mais je n'ai rien à lui demander ni maintenant ni plus tard.

— Alors, dit le guichetier, j'ai le regret de vous avoir réveillé ; mais vous l'eussiez été dans une heure.

— Si bien, dit Favras en souriant, qu'à ton avis, ce n'est pas la peine que je me rendorme, n'est-ce pas ?

— Tenez, dit le porte-clefs, jugez-en vous-même.

En effet, on entendait un grand bruit aux étages supérieurs; des portes s'ouvraient et se refermaient, des crosses de fusil frappaient la terre.

— Ah! ah! fit Favras, c'est pour moi toute cette rumeur?

— On vient vous lire votre jugement, monsieur le marquis.

— Diable! dit Favras, veillez à ce que M. le rapporteur me donne le temps de passer mes culottes.

Le guichetier, en effet, sortit et tira la porte derrière lui.

Pendant ce temps, M. de Favras mit ses bas de soie, ses souliers à boucles et sa culotte.

Il en était là de sa toilette, lorsque la porte se rouvrit.

Il ne jugea point à propos de la pousser plus loin et attendit ; il était vraiment beau, la tête rejetée en arrière, ses cheveux à moitié décoiffés, son jabot de dentelle ouvert sur sa poitrine.

Au moment où le rapporteur entra, il rabattit le col de sa chemise sur ses épaules.

— Vous le voyez, monsieur, dit-il au rapporteur, je vous attendais, et en tenue de combat.

Et il passa la main sur son cou découvert, prêt à l'épée aristocratique ou au lacet roturier.

— Parlez, monsieur, dit-il, je vous écoute.

Le rapporteur lut ou plutôt balbutia le jugement.

Le marquis était condamné à mort; il devait faire amende honorable devant Notre-Dame, et ensuite être pendu en Grève.

Favras écouta toute cette lecture avec le plus grand calme, et ne fronça pas même le sourcil à ce mot *pendu*, mot si dur à l'oreille d'un gentilhomme.

— Seulement, après un moment de silence, regardant en face le rapporteur :

— Oh ! monsieur, lui dit-il, que je vous plains d'avoir été *obligé* de condamner un homme sur de pareilles preuves !

Le rapporteur éluda la réponse.

— Monsieur, lui dit-il, vous savez qu'il ne vous reste plus d'autres consolations que celles de la religion.

— Vous vous trompez, monsieur, répondit le condamné, il me reste encore celles que je puise dans ma conscience.

Sur quoi, M. de Favras salua le rapporteur, qui, n'ayant plus rien à faire près de lui, se retira.

Cependant, à la porte, il se retourna.

— Voulez-vous que je vous envoie un confesseur? demanda-t-il au condamné.

— Un confesseur de la main de ceux qui m'assassinent?... non, monsieur, il me serait suspect. Je veux bien vous livrer ma vie, mais je réserve mon salut. Je demande le curé de Saint-Paul.

Deux heures après, le vénérable ecclésiastique qu'il avait demandé était près de lui.

IX

La place de Grève.

Ces deux heures avaient été bien employées.

Derrière le rapporteur, deux hommes étaient entrés, à la figure sombre, à la mine patibulaire.

Favras avait compris qu'il avait affaire

aux précurseurs de la mort, à l'avant-garde du bourreau.

— Suivez-nous, avait dit un de ces deux hommes.

Favras s'était incliné en signe d'assentiment.

Puis, montrant de la main le reste de ses vêtements qui attendait sur une chaise :

— Me donnez-vous le temps de m'habiller? demanda-t-il.

— Prenez-le, dit un des hommes.

Favras, alors, s'avança vers la table où étaient étalées les différentes pièces de son nécessaire, et, à l'aide de la petite glace qui ornait la muraille, il boutonna le col de sa chemise, fit prendre un pli convenable à son jabot, et donna le tour le plus aristocratique qu'il put au nœud de sa cravate.

Puis, il passa sa veste et son habit.

— Dois-je prendre mon chapeau, messieurs? demanda le prisonnier.

— C'est inutile, répondit le même homme qui avait déjà parlé.

Celui des deux qui s'était tû avait regardé Favras avec une fixité qui avait attiré l'attention du marquis.

Il lui semblait même que cet homme lui avait fait de l'œil un signe imperceptible.

Mais ce signe avait été si rapide, que M. de Favras était resté dans le doute.

D'ailleurs, qu'avait à lui dire cet homme?

Il ne s'en occupa pas davantage, et, faisant de la main au guichetier Louis un geste amical :

— C'est bien, messieurs, dit-il ; marchez devant, je vous suis.

A la porte attendait un huissier.

L'huissier marcha le premier, puis Favras, puis vinrent les deux hommes funèbres.

Le sinistre cortège se dirigea vers le rez-de-chaussée.

Entre les deux guichets, un peloton de garde nationale attendait.

Alors, l'huissier, se sentant soutenu :

— Monsieur, dit-il au condamné, remettez-moi votre croix de Saint-Louis.

— Je croyais être condamné à la mort et non à la dégradation, dit Favras.

— C'est l'ordre, monsieur, répondit l'huissier.

Favras détacha sa croix, et, ne voulant pas la remettre à cet homme de justice, il la déposa entre les mains du sergent-major qui commandait le peloton de garde nationale.

— C'est bien, dit l'huissier, sans insister autrement pour que la croix lui fût personnellement remise ; maintenant, suivez-moi.

On monta une vingtaine de marches, et l'on s'arrêta devant une porte de chêne toute bardée de fer ; — une de ces portes qui font, lorsqu'ils les regardent, froid jusqu'au fond des veines des condamnés ; une de ces portes comme il y en a deux ou trois sur le chemin du sépulchre, derrière lesquelles, sans savoir quelle chose vous attend, on devine que c'est une chose terrible.

La porte s'ouvrit.

On ne laissa pas même à Favras le temps d'entrer, on le poussa.

Puis, la porte se referma soudain, comme sous l'impulsion d'un bras de fer.

Favras se trouva dans la chambre de la torture.

— Ah! ah! messieurs, dit-il en pâlissant légèrement, quand on conduit les gens dans ces endroits-là, que diable! on les prévient.

Il n'avait pas achevé ces mots, que les deux hommes qui le suivaient, se jetèrent sur lui, lui arrachèrent son habit et son gilet, dénouèrent sa cravate si artistement mise, et lui lièrent les mains derrière le dos.

Seulement, en remplissant son office

de compte à demi avec son camarade, le tortureur qu'il avait cru lui voir faire un signe murmura tout bas à son oreille :

— Voulez-vous être sauvé ? il en est temps encore.

Cette offre ramena le sourire sur les lèvres de Favras en lui rappelant la grandeur de sa mission.

Il secoua doucement et négativement la tête.

Un chevalet était là tout prêt : on étendit le condamné sur ce chevalet.

Le tortureur s'approcha avec des coins de chêne plein son tablier, et un maillet de fer à la main.

Favras tendit de lui-même à cet homme sa jambe fine, chaussée de son soulier à talon rouge et de son bas de soie.

Mais, alors, l'huissier étendit la main.

— Cela suffit, dit-il : la cour fait grâce au condamné de la torture.

— Ah ! dit Favras, il paraît que la cour a peur que je ne parle... je ne l'en remercie pas moins ; je marcherai à la potence sur deux bonnes jambes, ce qui est quelque chose... Et, maintenant, messieurs, vous savez que je suis à votre disposition.

— Vous devez passer une heure dans cette salle, répondit l'huissier.

— Ce n'est pas récréatif, mais c'est curieux, dit Favras.

Et il commença à faire le tour de la salle examinant, les uns après les autres, tous ces hideux instruments semblables à de colossales araignées de fer, à de gigantesques scorpions.

On sentait qu'à un moment donné, et aux ordres d'une voix fatale, tout cela s'animait, prenait vie, et mordait cruellement.

Il y en avait de toutes les formes et de tous les temps, depuis Philippe-Auguste jusqu'à Louis XVI : il y avait les crocs avec lesquels on avait déchiré les Juifs au XIIIe siècle ; il y avait les roues avec lesquelles ou avait broyé les protestants au xviie.

Favras s'arrêta devant chaque trophée demandant le nom de chaque instrument.

Ce sang-froid finit par étonner jusqu'aux tortureurs eux-mêmes, gens qui, comme on sait, ne s'étonnent pas facilement.

— Dans quel but faites-vous toutes ces questions ? demanda l'un d'eux à Favras.

Celui-ci le regarda de cet air goguenard familier aux gentilshommes.

— Monsieur, lui dit-il, il se peut que je rencontre Satan sur la route que je vais accomplir, et je ne serais pas fâché de m'en faire un ami en lui indiquant, pour torturer ses damnés, des machines qu'il ne connaît pas.

Le prisonnier avait justement achevé sa tournée comme cinq heures sonnaient à l'horloge du Châtelet.

Il y avait deux heures qu'il était sorti de son cachot.

On l'y ramena.

Il y trouva le curé de Saint-Paul, qui l'attendait.

On a pu voir qu'il n'avait pas perdu ses deux heures d'attente, et que, si quelque chose pouvait convenablement le disposer à la mort, c'était le spectacle qu'il venait de contempler.

En l'apercevant, le curé lui ouvrit ses bras.

— Mon père, lui dit Favras, excusez-moi, si je ne puis vous ouvrir que mon cœur ; ces messieurs ont mis bon ordre à ce que je ne vous ouvrisse que lui.

Et il montra ses mains garrotées derrière son dos.

— Ne pouvez-vous, demanda le prêtre, pour le temps qu'il sera avec moi, délier les bras du condamné ?

— Cela n'est pas en notre pouvoir, répondit l'huissier.

— Mon père, dit Favras, demandez-leur s'ils ne pourraient pas me les lier devant au lieu de les lier derrière ; ce serait autant de fait pour le moment où j'aurai un cierge à tenir et mon jugement à lire.

Les deux aides regardèrent l'huissier, lequel fit de la tête un signe qui voulait dire qu'il n'y voyait aucun inconvénient, et la faveur demandée fut accordée au marquis.

Puis on le laissa seul avec le prêtre.

Ce qui se passa dans ce tête-à-tête suprême de l'homme du monde avec l'homme de Dieu, c'est ce que nul ne sait. Devant la sainteté de la religion, Favras descella-t-il son cœur, qui était resté fermé devant la majesté de la justice? Devant les consolations que lui offrait cet autre monde dans lequel il allait entrer, ses yeux, séchés par l'ironie se mouillèrent-ils d'une de ces larmes que son cœur avait amassées, et devait avoir besoin de répandre sur les objets chéris qu'il allait laisser seuls et abandonnés dans ce monde qu'il quittait? C'est ce que ne purent révéler ceux qui entrèrent, vers trois heures de l'après-midi, dans son cachot, et qui le trouvèrent la bouche souriante, les paupières sèches et le cœur fermé.

On venait lui annoncer qu'il était l'heure de mourir.

— Messieurs, dit-il, je vous en demande pardon, mais c'est vous qui m'avez fait attendre.

Alors, comme il était déjà sans habit et sans veste, et qu'il avait les mains liées, on lui enleva ses souliers et ses bas, et on lui passa une chemise blanche par-dessus le reste de ses vêtements.

Puis on lui mit sur la poitrine un écriteau portant ces mots :

Conspirateur contre l'État.

A la porte du Châtelet un tombereau entouré d'une garde nombreuse l'attendait.

Il y avait dans ce tombereau une torche allumée.

En apercevant le condamné la multitude battit des mains.

Depuis six heures du matin, le jugement était connu, et la multitude trouvait qu'il se passait un temps bien long entre le jugement et le supplice.

Des gens couraient par les rues réclamant des *pour boire* aux passants.

— Et à quel propos des *pour boire?* demandaient ceux-ci.

— A propos de l'exécution de M. de Favras, répondaient les mendiants de la mort.

Favras monta d'un pas ferme dans le tombereau ; il s'assit du côté où la torche était appuyée, comprenant bien que cette torche était là à son intention.

Le curé de Saint-Paul monta ensuite, et s'assit à sa gauche.

L'exécuteur monta le dernier, et s'assit derrière lui.

C'était ce même homme au regard triste et doux que nous avons vu assister, dans la cour de Bicêtre, à l'essai de la machine de M. Guillotin.

Nous l'avons vu, nous le voyons, nous aurons l'occasion de le revoir : c'est le véritable héros de l'époque dans laquelle nous entrons.

Avant de s'asseoir, le bourreau passa

au col de Favras la corde avec laquelle celui-ci devait être pendu.

Il en conserva le bout dans sa main.

Au moment où le tombereau se mettait en marche, il eût vivement
(illisible)

Il vit des gens qui se poussaient pour arriver au **premier rang** et être mieux placés sur son passage.

Tout à coup, il tressaillit malgré lui, car, au premier rang, au milieu de cinq ou six de ses compagnons qui venaient de faire une trouée dans la foule, il reconnut sous le costume d'un fort de la halle, le visiteur nocturne qui lui avait dit que, jusqu'au dernier moment, il veillerait sur lui.

Le condamné lui fit de la tête un signe, mais signe de reconnaissance et n'ayant pas d'autre signification.

Le tombereau continua sa route, et ne s'arrêta que devant Notre-Dame.

La porte du milieu était ouverte et laissait voir, au fond de l'église sombre, le maître autel flamboyant sous ses cierges allumés.

Il y avait une telle affluence de curieux, que la charrette était obligée de s'arrêter à tout instant, et ne se remettait en route que lorsque la garde était parvenue à rouvrir le chemin, incessamment refermé par un flot de peuple rompant la faible digue qui lui était opposée.

Là, sur cette place du Parvis, à force de luttes, on parvint à opérer un vide.

— Il faut descendre et faire amende honorable, monsieur, dit l'exécuteur au condamné.

Favras obéit sans répondre.

Le prêtre descendit le premier, puis le condamné, puis l'exécuteur tenant toujours le bout de la corde.

Les bras étaient liés aux poignets, ce qui laissait au marquis l'exercice de ses mains.

Dans sa main droite on mit la torche ; dans sa main gauche, le jugement.

Le condamné s'avança jusque sur le parvis, et s'agenouilla.

Au premier rang de ceux qui l'entouraient, il reconnut ce même fort de la halle et ses compagnons qu'il avait déjà vus en sortant du Châtelet.

Cette persistance parut le toucher; mais pas une parole d'appel ne sortit de sa bouche.

Un greffier du Châtelet semblait l'attendre là.

— Lisez, monsieur, lui dit-il tout haut.

Puis, tout bas :

— Monsieur le marquis, ajouta-t-il, vous savez que, si vous voulez être sauvé, vous n'avez qu'un mot à dire?

Sans répondre, le condamné commença sa lecture.

Cette lecture fut faite à haute voix, et rien, dans l'accent de cette voix, ne trahit la moindre émotion.

Puis, la lecture achevée, s'adressant à la foule qui l'entourait :

— Prêt à paraître devant Dieu, dit le condamné, je pardonne aux hommes qui, contre leur conscience, m'ont accusé de projets criminels. J'aimais mon roi, je mourrai fidèle à ce sentiment. C'est un exemple que je donne, et qui, je l'espère, sera suivi par quelques nobles cœurs. Le peuple demande ma mort à grands cris; il lui faut une victime; soit! j'aime mieux que le choix de la fatalité tombe sur moi que sur quelque autre au cœur faible que la présence d'un supplice non mérité jetterait dans le désespoir. Donc, si je n'ai point autre chose à faire ici que ce qui vient d'être fait, continuons notre route, messieurs.

On continua la route.

Il n'y a pas loin du porche de Notre-Dame à la place de Grève, et, cependant, le tombereau mit une bonne heure à faire le chemin.

En arrivant sur la place :

— Messieurs, demanda Favras, ne pourrai-je pas monter quelques instants à l'Hôtel-de-Ville ?

— Avez-vous des révélations à faire, mon fils ? demanda vivement le prêtre.

— Non, mon père ; mais j'ai mon testament de mort à dicter. J'ai entendu dire qu'on ne refusait jamais à un condamné pris à l'improviste cette dernière grâce de faire son testament de mort.

Le tombereau, au lieu de marcher droit au gibet, se dirigea vers l'Hôtel-de-Ville.

Une grande clameur s'éleva dans le peuple.

— Il va faire des révélations ! il va faire des révélations ! s'écria-t-on de tous côtés.

A ce cri, on eût pu voir pâlir un beau jeune homme vêtu tout de noir, comme un abbé, et qui se tenait debout sur une borne, au coin du quai Pelletier.

— Oh! ne craignez rien, monsieur le comte Louis, dit près de lui une voix railleuse, le condamné ne dira pas un mot de ce qui s'est passé place Royale !

Le jeune homme vêtu de noir se retourna vivement. Les paroles qui venaient de lui être adressées avaient été dites par un fort de la halle dont il ne put pas voir la figure, attendu qu'en achevant la phrase, il avait rabattu sur ses yeux son large chapeau.

D'ailleurs, s'il restait quelque doute au beau jeune homme, ce doute fut bientôt dissipé.

Arrivé au haut du perron de l'Hôtel-de-Ville, Favras fit signe qu'il voulait parler:

A l'instant même les rumeurs s'éteignirent, comme si la bouffée de vent d'ouest qui passait en ce moment les eût emportées avec elle.

— Messieurs, dit Favras, j'entends répéter autour de moi que je monte à l'Hôtel-de-Ville pour faire des révélations; il n'en est rien; et, dans le cas où il y aurait parmi vous, comme c'est possible, un homme qui eût quelque chose à craindre si des révélations étaient faites, qu'il se tranquillise, je monte à l'Hôtel-de-Ville pour dicter mon testament de mort.

Et il s'engagea d'un pas ferme sous la voûte sombre, monta l'escalier, entra dans la chambre où l'on conduisait d'habitude les condamnés, et que l'on nommait à cause de cela la chambre des révélations.

Là, trois hommes vêtus de noir attendaient, et, parmi ces trois hommes, M. de Favras reconnut le greffier qui lui avait parlé sur le parvis Notre-Dame.

Alors, le condamné, qui, les mains

liées, ne pouvait écrire, se mit à dicter son testament de mort.

On a beaucoup parlé du testament de Louis XVI, parce qu'on parle beaucoup du testament des rois : — nous avons le testament de M. de Favras sous les yeux, et nous dirons cette seule chose au public : « Lisez, et comparez ! »

Le testament dicté, M. de Favras demanda à le lire et à le signer.

On lui délia les mains ; il lut le testament, corrigea trois fautes d'orthographe qu'avait faites le greffier, et signa au bas de chaque page : « Mahi de Favras. »

Après quoi, il tendit ses mains, afin qu'on les lui liât de nouveau ; opération dont s'acquitta le bourreau, qui ne s'était pas éloigné de lui un seul instant.

Cependant, la dictée de ce testament avait pris plus de deux heures. Le peuple qui attendait depuis le matin s'impatientait fort ; il y avait là beaucoup de braves gens qui étaient venus l'estomac vide, comptant déjeuner après l'exécution, et qui étaient encore à jeun.

De sorte que l'on murmurait de ce murmure menaçant et terrible qu'on avait déjà entendu sur la même place le jour de l'assassinat de de Launay, de la pendaison de Foulon, et de l'éventrement de Berthier.

D'ailleurs, le peuple commençait à

croire qu'on avait fait évader Favras par quelque porte de derrière.

Dans cette conjoncture, quelques-uns proposaient déjà de pendre les municipaux à la place de Favras, et de démolir l'Hôtel-de-Ville.

Heureusement, vers neuf heures du soir, le condamné reparut. On avait distribué des torches aux soldats qui faisaient la haie ; on avait illuminé toutes les fenêtres de la place ; le gibet seul était resté dans une mystérieuse et terrible obscurité.

L'apparition du condamné fut saluée par un cri unanime et par un grand mouvement qui se fit parmi les cinquante mille personnes qui encombraient la place.

Cette fois, on était bien sûr, non-seulement qu'il ne s'était pas échappé, mais encore qu'il ne s'échapperait pas.

Favras jeta les yeux autour de lui.

Puis, se parlant à lui-même avec ce sourire ironique qui lui était particulier :

— Pas un carrosse! murmura-t-il ; ah! la noblesse est oublieuse : elle a été plus polie pour le comte de Horn que pour moi.

— C'est que le comte de Horn était un assassin, et que toi, tu es un martyr! répondit une voix.

Favras se retourna ; il reconnut le fort

de la halle qu'il avait déjà rencontré deux fois sur son chemin.

— Adieu, monsieur, lui dit Favras ; j'espère qu'au besoin vous rendrez témoignage pour moi.

Et, d'un pas ferme, il descendit les dégrés, et marcha vers l'échafaud.

Au moment où il posait le pied sur le premier échelon de la potence, une voix cria :

— Saute, marquis !

La voix grave et sonore du condamné répondit :

— Citoyens, je meurs innocent... Priez Dieu pour moi !

Au quatrième échelon, il s'arrêta encore, et, d'un ton aussi ferme et aussi elevé que la première fois :

— Citoyens, répéta-t-il, je vous demande le secours de vos prières... Je meurs innocent !

Au huitième échelon, c'est-à-dire à celui d'où il devait être précipité :

— Citoyens, redit-il pour la troisième fois, je meurs innocent... Priez Dieu pour moi !

— Mais, lui dit un des deux aides du bourreau qui montait l'échelle près de lui, vous ne voulez donc pas être sauvé ?

— Merci, mon ami, dit Favras ; Dieu vous paye de vos bonnes intentions !

Puis, levant la tête vers le bourreau, qui semblait attendre des ordres, au lieu d'en donner :

— Faites votre devoir, dit-il.

À peine avait-il prononcé ces mots, que le bourreau le poussa, et que son corps se balança dans le vide.

Pendant qu'un immense mouvement se produisait, à cette vue, sur la place de Grève ; tandis que quelques amateurs battaient des mains et criaient bis, comme ils eussent fait après un couplet de vaudeville ou un grand air d'opéra, le jeune homme vêtu de noir se laissait glisser de la borne sur laquelle il était monté, fendait la foule, et, au coin du

Pont-Neuf montait vivement dans une voiture sans livrée et sans armoiries en criant au cocher :

— Au Luxembourg ! et à fond de train !

La voiture partit au galop.

Trois hommes, en effet, attendaient avec grande impatience l'arrivée de cette voiture.

Ces trois hommes étaient M. le comte de Provence et deux de ses gentilshommes que nous avons nommés déjà dans le courant de cette histoire, mais que nous croyons inutile de nommer ici.

Ils attendaient avec une impatience d'autant plus grande qu'ils devaient se mettre à table à deux heures, et que, dans leur inquiétude, ils ne s'y étaient pas mis.

De son côté, le cuisinier était au désespoir : c'était le troisième dîner qu'il recommençait ; et ce dîner, à point dans dix minutes, allait se détériorer dans un quart d'heure !

On en était donc à ce moment suprême, quand on entendit enfin le roulement d'une voiture dans l'intérieur des cours.

Le comte de Provence se précipita vers la fenêtre ; mais il ne put voir qu'une ombre sautant du dernier degré du marche-pied de la voiture sur le premier degré des marches du palais.

En conséquence, il quitta la fenêtre et courut du côté de la porte; mais, avant que, dans sa marche toujours un peu gênée, le futur roi de France l'eût atteinte, cette porte s'ouvrit et donna passage au jeune homme vêtu de noir.

— Monseigneur, dit-il, tout est fini... M. de Favras est mort sans prononcer une parole...

— Alors, nous pouvons tranquillement nous mettre à table, mon cher Louis.

— Oui, monseigneur... C'était, par ma foi, un digne gentilhomme que celui-là !

— Je suis de votre avis, mon cher, dit Son Altesse Royale, aussi nous boirons au dessert un verre de Constance à sa santé. — A table, messieurs !

En ce moment, la porte s'ouvrit à deux battants, et les illustres convives passèrent du salon dans la salle à manger.

X

La Monarchie est sauvée.

Quelques jours après l'exécution que nous venons de raconter, et dans les détails de laquelle nous sommes entrés pour édifier nos lecteurs sur la reconnaissance que doivent attendre des rois et des princes ceux-là qui se sacrifient pour eux, un homme monté sur un cheval gris-pommelé gravissait lentement l'avenue de Saint-Cloud.

Cette lenteur, il ne fallait l'attribuer ni à la lassitude du cavalier, ni à la fatigue du cheval ; l'un et l'autre avaient fait une faible course, c'était chose facile à voir, car l'écume qui s'échappait de la bouche de l'animal venait de ce qu'il avait été, non poussé outre mesure, mais retenu avec obstination. Quant au cavalier qui était — cela se voyait au premier coup d'œil — un gentilhomme, tout son costume exempt de souillure attestait la précaution prise par lui pour sauvegarder ses vêtements de la boue qui couvrait le chemin.

Ce qui retardait le cavalier, c'était la

pensée profonde dans laquelle il était visiblement absorbé; puis encore peut-être le besoin de n'arriver qu'à une certaine heure, laquelle n'était pas encore sonnée.

C'était un homme de quarante ans à peu près, dont la puissante laideur ne manquait pas d'un grand caractère. Une tête trop grosse, des joues bouffies, un visage labouré de petite vérole, un teint facile à l'animation, des yeux prompts à lancer l'éclair, une bouche habituée à mâcher et à cracher le sarcasme, tel était l'aspect de cet homme que l'on sentait, au premier abord, destiné à occuper une grande place et à faire un grand bruit.

Seulement, toute cette physionomie semblait couverte d'un voile jeté sur elle par une de ces maladies organiques contre lesquelles se débattent en vain les plus vigoureux tempéraments. Un teint obscur et gris, des yeux fatigués, rougis, des joues affaissées, un commencement de pesanteur et d'obésité malsaine, ainsi apparaissait l'homme que nous venons de mettre sous les yeux du lecteur.

Arrivé au haut de l'avenue, il franchit sans hésitation la porte donnant dans la cour du palais, sondant des yeux les profondeurs de cette cour.

A droite, entre deux bâtiments formant une espèce d'impasse, un autre homme attendait.

Il fit signe au cavalier de venir.

Une porte était ouverte ; l'homme qui attendait s'engagea sous cette porte ; le cavalier le suivit, et, toujours le suivant, se trouva dans une seconde cour.

Là, l'homme s'arrêta ;—il était vêtu d'un habit, d'une culotte et d'un gilet noirs ;—puis, regardant autour de lui, et voyant que cette cour était bien déserte, il s'approcha du cavalier le chapeau à la main.

Le cavalier vint en quelque sorte au-devant de lui, car, s'inclinant sur le col de son cheval :

— Monsieur Weber ? dit-il à demi-voix.

— Monsieur le comte de Mirabeau? répondit celui-ci.

— Lui-même, fit le cavalier, et, plus légèrement qu'on n'eût pu le supposer, il mit pied à terre.

— Entrez, dit vivement Weber, et veuillez bien attendre que j'aie mis moi-même le cheval à l'écurie.

En même temps, il ouvrit la porte d'un salon dont les fenêtres et une seconde porte donnaient sur le parc.

Mirabeau entra dans le salon et employa les quelques minutes pendant lesquelles Weber le laissa seul à déboucler des espèces de bottes de cuir qui mirent à jour des bas de soie intacts et des souliers d'un vernis irréprochable.

Weber, comme il l'avait promis, rentra au bout de cinq minutes.

— Venez, monsieur le comte, dit-il, la reine vous attend.

— La reine m'attend? répondit Mirabeau. Aurais-je eu le malheur de me faire attendre? Je croyais cependant avoir été exact.

— Je veux dire que la reine est impatiente de vous voir... venez, monsieur le comte.

Weber ouvrit la fenêtre donnant sur le jardin, et s'engagea dans ce labyrinthe d'allées qui conduit à l'endroit le plus solitaire et le plus élevé du parc.

Là, au milieu des arbres, étendant leurs branches désolées et sans feuillage, apparaissait, dans une atmosphère grisâtre et triste, une espèce de pavillon connu sous le nom du kiosque.

Les persiennes de ce pavillon étaient hermétiquement fermées, à l'exception de deux qui, poussées seulement l'une contre l'autre, laissaient entrer, comme à travers les meurtrières d'une tour, deux rayons de lumière suffisant à peine à éclairer l'intérieur.

Un grand feu était allumé dans l'âtre, et deux candélabres brûlaient sur la cheminée.

Weber fit entrer celui à qui il servait de guide dans une espèce d'anticham-

bre ; puis, ouvrant la porte du kiosque,
après y avoir gratté doucement.

— M. le comte Riquetti de Mirabeau;
annonça-t-il.

Et il s'effaça pour laisser passer le
comte devant lui.

S'il eût écouté au moment où le
comte passait, il eût bien certainement
entendu battre le cœur dans cette large
poitrine.

A l'annonce de la présence du comte,
une femme se leva de l'angle le plus
éloigné du kiosque, et, avec une sorte
d'hésitation, de terreur même, elle fit
quelques pas au-devant de lui.

Cette femme, c'était la reine.

Elle aussi, son cœur battait violemment; elle avait sous les yeux cet homme haï, décrié, fatal ; cet homme qu'on accusait d'avoir fait les 5 et 6 octobre ; cet homme vers lequel on s'était tourné un instant, mais qui avait été repoussé par les gens même de la cour, et qui, depuis, avait fait sentir, la nécessité de traiter de nouveau avec lui par deux coups de foudre, par deux magnifiques colères qui avaient monté jusqu'au sublime.

La première était son apostrophe au clergé ;

La seconde, le discours où il avait expliqué comment les représentants du peuple, de députés de bailliages, s'étaient faits assemblée nationale.

Mirabeau s'approcha avec une grâce et une courtoisie que la reine fut étonnée de reconnaître en lui au premier coup d'œil, et que cette énergique organisation semblait exclure.

Ces quelques pas faits, il salua respectueusement et attendit.

La reine rompit la première le silence, et, d'une voix dont elle ne pouvait tempérer l'émotion :

— Monsieur de Mirabeau, dit-elle, M. Gilbert nous a assurés autrefois de votre disposition à vous rallier à nous.

Mirabeau s'inclina en signe d'assentiment.

La reine continua.

— Alors, une première ouverture vous fut faite, à laquelle vous répondîtes par un projet de ministère.

Mirabeau s'inclina une seconde fois.

— Ce n'est pas notre faute, monsieur le comte, si ce premier projet ne put réussir.

— Je le crois, madame, répondit Mirabeau, et de la part de Votre Majesté surtout... mais c'est la faute de gens qui se disent dévoués aux intérêts de la monarchie.

— Que voulez-vous, monsieur le comte, c'est un des malheurs de notre position.... Les rois ne peuvent pas plus choisir leurs amis que leurs ennemis; ils sont quelquefois forcés d'accepter des dévouements funestes. Nous sommes entourés d'hommes qui veulent nous sauver, et qui nous perdent; leur motion qui écarte de la prochaine législature les membres de l'Assemblée actuelle en est un exemple contre vous. Voulez-vous que je vous en cite un contre moi? Croiriez-vous qu'un de mes plus fidèles, un homme qui, j'en suis sûre, se ferait tuer pour nous, sans nous rien dire à l'avance de ce projet, a conduit à notre dîner public la veuve et les enfants de M. de Favras, vêtus de deuil tous trois. Mon premier mouvement, en les apercevant, était de me lever, d'aller à eux, de faire placer les enfants de cet homme, mort si courageusement pour nous, — car, moi, monsieur le comte, je ne suis pas de ceux qui renient leurs amis, — de faire placer les enfants de cet homme entre le roi et moi. Tous les yeux étaient fixés sur nous; on attendait ce que nous allions faire. Je me retournai.... Savez-vous qui j'avais derrière moi, à quatre pas de mon fauteuil? Santerre, l'homme du faubourg! Je suis retombée sur mon fauteuil, pleurant de rage, et n'osant même jeter les yeux sur cette veuve et ces orphelins!... Les royalistes me blâmeront de n'avoir pas tout bravé pour donner une marque d'intérêt à cette malheureuse famille ; les révolutionnaires seront furieux en songeant qu'ils m'étaient présentés avec ma permission. Oh! monsieur, monsieur, continua la reine en secouant la tête, il faut bien périr, quand on est attaqué par des hommes de génie, et défendu par des gens fort estimables sans doute, mais qui n'ont aucune idée de notre position !

Et la reine porta avec un soupir son mouchoir à ses yeux.

— Madame, dit Mirabeau, — touché de cette grande infortune qui ne se cachait pas de lui, et qui, soit par le calcul habile de la reine, soit par la faiblesse de la femme, lui montrait ses angoisses et lui laissait voir ses larmes, — quand vous parlez des hommes qui vous attaquent, vous ne voulez point parler de moi, je l'espère. J'ai professé les principes monarchiques lorsque je ne voyais dans la cour que sa faiblesse, et que je ne connaissais ni l'âme ni la pensée de l'auguste fille de Marie-Thérèse ; j'ai combattu pour les droits du trône lorsque je n'inspirais que de la méfiance, et que toutes mes démarches, empoisonnées par la malignité, paraissaient autant de pièges ; j'ai servi le roi lorsque je savais bien que je ne devais attendre de ce roi, juste mais trompé, ni bienfait ni récompense ; que ferai-je donc maintenant, madame, lorsque la confiance relève mon courage, et que la reconnaissance que m'inspire l'accueil de Votre

Majesté, fait de mes principes un devoir?
Il est tard, je le sais, madame, bien tard,
continua Mirabeau en secouant la tête à
son tour. Peut-être la monarchie, en venant me proposer de la sauver, ne me
propose-t-elle, en réalité, que de me
perdre avec elle; si j'eusse réfléchi, peut-être eussé-je choisi, pour accepter la faveur de cette audience, un autre moment
que celui où Sa Majesté vient de livrer
à l'Assemblée le fameux livre rouge,
c'est-à-dire l'honneur de ses amis...

— Oh! monsieur, s'écria la reine,
croyez-vous donc le roi complice de cette
trahison, et en êtes-vous à ignorer comment les choses se sont passées? Le livre
rouge, exigé du roi, n'avait été livré par

lui qu'à la condition que le comité le garderait secret; le comité l'a fait imprimer; c'est un manque de parole du comité envers le roi, et non une trahison du roi envers ses amis.

— Hélas! Madame, vous savez quelle cause a porté le comité à cette publication, que je désapprouve comme homme d'honneur, que je renie comme député? Au moment même où le roi jurait amour à la constitution, il avait un agent en permanence à Turin, au milieu des ennemis mortels de cette constitution; à l'heure où il parlait de réformes pécuniaires, et paraissait accepter celles que l'Assemblée lui proposait, à Trèves existait, soldée par lui, habillée par lui, sa grande et petite écurie sous les ordres du prince de Lambesc, l'ennemi mortel des Parisiens, dont le peuple demande tous les jours la pendaison en effigie. On paie au comte d'Artois, au prince de Condé, à tous les émigrés, des pensions énormes, et cela sans égard à un décret rendu, il y a deux mois, et qui supprime les pensions. Il est vrai que le roi a oublié de sanctionner ce décret. — Que voulez-vous, madame, on a cherché, pendant ces deux mois, l'emploi de soixante millions, et on ne l'a pas trouvé; le roi, prié, supplié de dire où avait passé cet argent, a refusé de répondre ; le comité s'est cru dégagé de sa promesse, et a fait imprimer le livre rouge... Pourquoi le roi livre-t-il des armes que l'on peut si cruellement tourner contre lui?

— Ainsi, monsieur, s'écria la reine, si vous étiez admis à l'honneur de conseiller le roi, vous ne lui conseilleriez donc pas les faiblesses avec lesquelles on le sert, avec lesquelles, — oh! oui, disons-le, — avec lesquelles on le déshonore?

— Si j'étais admis à l'honneur de conseiller le roi, madame, reprit Mirabeau, je serais près de lui le défenseur du pouvoir monarchique réglé par les lois, et l'apôtre de la liberté garantie par le pouvoir monarchique. Cette liberté, madame, elle a trois ennemis, le clergé, la noblesse et les parlements. Le clergé n'est plus de ce siècle, et il a été tué par la motion de M. de Talleyrand ; la noblesse est de tous les siècles ; je crois donc qu'il faut compter avec elle, car, sans noblesse, pas de monarchie; mais il faut la contenir, et cela n'est possible qu'en coalitionnant le peuple avec l'autorité royale. Or, l'autorité royale ne se coalitionnera jamais de bonne foi avec le peuple, tant que les parlements subsisteront, car ils conservent au roi, ainsi qu'à la noblesse, la fatale espérance de leur rendre l'ancien ordre de choses. Donc, après l'annihilation du clergé, la destruction des parlements ! Raviver le pouvoir exécutif, régénérer l'autorité royale, et la concilier avec la liberté, voilà toute ma politique, madame ; si c'est celle du roi, qu'il l'adopte ; si ce n'est pas la sienne, qu'il la repousse.

— Monsieur, monsieur, dit la reine, frappée des clartés que répandait à la fois sur le passé, le présent et l'avenir, le rayonnement de cette vaste intelligence, j'ignore si cette politique serait celle du roi ; mais, ce que je sais, c'est que, si j'avais quelque puissance, ce serait la mienne. Ainsi donc, vos moyens pour arriver à ce but, monsieur le comte, faites-les-moi connaître ; je vous écoute, je ne dirai pas avec attention, avec intérêt, je dirai avec reconnaissance.

Mirabeau jeta un regard rapide sur la reine, regard d'aigle qui sondait l'abîme de son cœur, et il vit que, si elle n'était pas convaincue, elle était au moins entraînée.

Ce triomphe sur une femme aussi supérieure que Marie-Antoinette caressait de la façon la plus douce la vanité de Mirabeau.

— Madame, dit-il, nous avons perdu Paris ou à peu près, mais il nous reste encore, en province, de grandes foules dispersées dont nous pouvons faire des faisceaux. Voilà pourquoi mon avis, madame, est que le roi quitte Paris, non pas la France; qu'il se retire à Rouen au milieu de l'armée; que, de là, il publie des ordonnances plus populaires que les décrets de l'Assemblée. Dès lors, point de guerre civile, puisque le roi se fait plus révolutionnaire que la révolution.

— Mais cette révolution, qu'elle nous

précède ou qu'elle nous suive, ne vous épouvante-t-elle pas? demanda la reine.

— Hélas! madame, je crois savoir mieux que personne qu'il y a une part à lui faire, un gâteau à lui jeter ; je l'ai déjà dit à la reine, c'est une entreprise au-dessus des forces humaines que de vouloir rétablir la monarchie sur les antiques bases que cette révolution a détruies. A cette révolution, tout le monde, en France, a concouru, depuis le roi jusqu'au dernier de ses sujets, soit par intention, action ou omission. Ce n'est donc point cette antique monarchie que j'ai la prétention de défendre, madame ; mais je songe à la modifier, à la régénérer, à établir enfin une forme de gouvernement plus ou moins semblable à celle qui a conduit l'Angleterre à l'apogée de sa puissance et de sa gloire. Après avoir entrevu, à ce que m'a dit M. Gilbert, du moins, la prison et l'échafaud de Charles Ier, le roi ne se contenterait-il donc plus du trône de Guillaume III ou de Georges Ier.

—Oh! monsieur le comte, dit la reine, —à qui un mot venait de rappeler par un frissonnement mortel la vision du château de Taverney, et le dessin de l'instrument de mort inventé par M. Guillotin,—oh! monsieur le comte, rendez-nous cette monarchie-là, et vous verrez si nous sommes des ingrats comme on nous en accuse!

— Eh bien, s'écria à son tour Mirabeau, c'est ce que je ferai, madame; que le roi me soutienne, que la reine m'encourage, et je dépose ici, à vos pieds, mon serment de gentilhomme que je tiendrai la promesse que je fais à Votre Majesté, ou que je mourrai à la peine.

— Comte, comte, dit Marie-Antoinette n'oubliez pas que c'est plus qu'une femme qui vient d'entendre votre serment; c'est une dynastie de cinq siècles, c'est soixante-dix rois de France, qui, de Pharamond à Louis XV, dorment dans leurs tombeaux, et qui seront détrônés avec nous si notre trône tombe.

— Je connais l'engagement que je prends, madame; il est immense, je le sais, mais il n'est pas plus grand que ma volonté, plus fort que mon dévouement. Que je sois sûr de la sympathie de ma reine et de la confiance de mon roi, et j'entreprendrai l'œuvre.

— S'il ne vous faut que cela, monsieur de Mirabeau, je vous engage l'une et l'autre.

Et elle salua Mirabeau avec ce sourire de sirène qui lui gagnait tous les cœurs.

Mirabeau comprit que l'audience était finie.

L'orgueil de l'homme politique était satisfait, mais il manquait quelque chose à la vanité du gentilhomme.

— Madame, dit-il avec une courtoisie respectueuse et hardie, lorsque votre auguste mère, l'impératrice Marie-Thérèse, admettait un de ses sujets à l'honneur de sa présence, jamais elle ne le congédiait sans lui donner sa main à baiser...

Et il demeura debout et attendant.

La reine regarda ce lion enchaîné qui ne demandait pas mieux que de se coucher à ses pieds ; puis, avec le sourire du triomphe sur les lèvres, elle étendit lentement sa belle main, froide comme l'albâtre, presque transparente comme lui.

Mirabeau s'inclina, posa ses lèvres sur

cette main, et, relevant la tête avec fierté :

— Madame, dit-il, par ce baiser, la monarchie est sauvée !

Et il sortit tout ému, tout joyeux, croyant lui-même, pauvre homme de génie ! à l'accomplissement de la prophétie qu'il venait de faire.

XI

Retour à la Ferme.

Tandis que Marie-Antoinette rouvre à l'espérance son cœur tout endolori, et oublie un instant les souffrances de la femme en s'occupant du salut de la reine; tandis que Mirabeau, comme l'athlète Alcidamas, rêve de soutenir à lui seul la voûte de la monarchie près de s'écrouler, et qui menace de l'écraser en s'écroulant, ramenons le lecteur, fatigué de tant de politique, vers des personnages plus humbles et des horizons plus frais.

Nous avons vu quelles craintes soufflées par Pitou au cœur de Billot, pendant le second voyage du la Fayette d'Haramont dans la capitale, rappelait le fermier à la ferme, ou plutôt le père près de sa fille.

Ces inquiétudes n'étaient point exagérées.

Le retour avait lieu le surlendemain de la fameuse nuit où s'était passé le triple évènement de la fuite de Sébastien

Gilbert, du départ du vicomte Isidore de Charny, et de l'évanouissement de Catherine sur le chemin de Villers-Cotterets à Pisseleu.

Dans un autre chapitre de ce livre, nous avons raconté comment Pitou,— après avoir rapporté Catherine à la ferme, après avoir appris d'elle, au milieu des larmes et des sanglots, que l'accident qui venait de la frapper avait été causé par le départ d'Isidore,—était revenu à Haramont écrasé sous le poids de cet aveu, et, en rentrant chez lui, avait trouvé la lettre de Sébastien, et était immédiatement parti pour Paris.

A Paris, nous l'avons vu attendant le docteur Gilbert et Sébastien avec une telle inquiétude, qu'il n'avait pas môm songé à parler à Billot de l'évènement de la ferme. Ce n'est que lorsqu'il avait été rassuré sur le sort de Sébastien, en voyant revenir celui-ci rue Saint-Honoré avec son père ; ce n'est que lorsqu'il avait appris, de la bouche même de l'enfant, les détails de son voyage et comme quoi, ayant rencontré le vicomte Isidore, il avait été amené en croupe à Paris, qu'il s'était souvenu de Catherine, de la ferme et de la mère Billot, et qu'il avait parlé de la mauvaise récolte, des pluies continuelles et de l'évanouissement de Catherine.

Nous avons dit que c'était cet évanouissement qui avait tout particulièrement frappé Billot, et l'avait déterminé à demander à Gilbert un congé que celui-ci lui avait accordé.

Tout le long du chemin, Billot avait interrogé Pitou sur cet évanouissement ; car il aimait bien sa ferme, le digne fermier ; il aimait bien sa femme, le bon mari ; mais ce qu'il aimait par-dessus toutes choses, c'était sa fille Catherine.

Et cependant, grâce à ses invariables idées d'honneur, à ses invincibles principes de probité, cet amour, dans l'occasion, l'eût rendu juge aussi inflexible qu'il était tendre père.

Interrogé par lui, Pitou répondait.

Il avait trouvé Catherine en travers du

chemin, muette, immobile, inanimée; il l'avait crue morte; il l'avait, désespéré, soulevée dans ses bras, posée sur ses genoux; puis, bientôt il s'était aperçu qu'elle respirait encore et l'avait emportée tout courant à la ferme, où il l'avait, avec l'aide de la mère Billot, couchée sur son lit.

Là, tandis que la mère Billot se lamentait, il lui avait brutalement jeté de l'eau au visage. Cette fraîcheur avait fait rouvrir les yeux à Catherine, ce que voyant, ajoutait Pitou, il avait jugé que sa présence n'était plus nécessaire à la ferme, et s'était retiré chez lui.

Le reste, — c'est-à-dire tout ce qui avait rapport à Sébastien, — le père Billot en avait entendu le récit une fois, et ce récit lui avait suffi.

Il en résultait que, revenant sans cesse à Catherine, Billot s'épuisait sans cesse en conjectures sur l'accident qui lui était arrivé, et sur les causes probables de cet accident.

Ces conjectures se traduisaient en questions adressées à Pitou, questions auxquelles Pitou répondait diplomatiquement : « Je ne sais pas. »

Et il y avait du mérite à Pitou à répondre « Je ne sais pas; » car Catherine, on se le rappelle, avait eu la cruelle franchise de lui tout avouer, et, par conséquent, Pitou *savait*.

Il savait que, le cœur brisé par l'adieu d'Isidore, Catherine s'était évanouie à la place où il l'avait trouvée.

Mais voilà ce que, pour tout l'or du monde, il n'eût jamais dit au fermier.

C'est que, par comparaison, il s'était laissé prendre d'une grande pitié pour Catherine.

Pitou aimait Catherine, il l'admirait surtout; nous avons vu, en temps et lieu, la somme de douleurs que cette admiration et cet amour mal appréciés avaient amené de souffrances dans le cœur et de transports dans l'esprit de Pitou.

Mais ces transports, si exaltés qu'ils ussent, ces douleurs, si aigres qu'il les eût ressenties, tout en causant à Pitou des serrements d'estomac qui avaient été parfois jusqu'à reculer d'une heure et même de deux heures son déjeûner et son dîner, ces transports et ces douleurs, disons-nous, n'avaient jamais été jusqu'à la défaillance et l'évanouissement.

Donc, Pitou se posait ce dilemme plein de raison, qu'avec son habitude de logique, il divisait en trois parties :

« Si mademoiselle Catherine aime M. Isidore à s'évanouir quand il la quitte, elle aime donc M. Isidore plus que je ne l'aime, elle, mademoiselle Catherine, puisque je ne me suis jamais évanoui en la quittant. »

Puis, de cette première partie, il passait à la seconde et se disait :

« Si elle l'aime plus que je ne l'aime, elle doit donc plus souffrir encore que je n'ai souffert; en ce cas, elle souffre beaucoup ! »

D'où il passait à la troisième partie de son dilemme, c'est-à-dire à la conclusion, — conclusion d'autant plus logique que, comme toute bonne conclusion, elle se rattachait à l'exorde.

« Et, en effet, elle souffre plus que je ne souffre, puisqu'elle s'évanouit et que je ne m'évanouis pas. »

De là cette grande pitié qui rendait

Pitou muet vis à vis de Billot à l'endroit de Catherine, mutisme qui augmentait les inquiétudes de Billot, lesquelles, au fur et à mesure qu'elles augmentaient, se traduisaient plus clairement par les coups de fouet que le digne fermier appliquait sans relâche et à tour de bras sur les reins du cheval qu'il avait pris en location à Dammartin; si bien qu'à quatre heures de l'après-midi, le cheval, la carriole et les deux voyageurs qu'elle contenait s'arrêtèrent devant la porte de la ferme, où les aboiements des chiens signalèrent bientôt leur présence.

A peine la voiture fût-elle arrêtée que Billot sauta à terre et entra rapidement dans la ferme.

Mais un obstacle auquel il ne s'attendait pas se dressa sur le seuil de la chambre à coucher de sa fille.

C'était le docteur Raynal, dont nous avons déjà eu, ce nous semble, l'occasion de prononcer le nom dans le cours de cette histoire, lequel déclara que, dans l'état où se trouvait Catherine, toute émotion, non-seulement était dangereuse, mais encore pourrait être mortelle. C'était un nouveau coup qui frappait Billot.

Il savait le fait de l'évanouissement; mais, du moment où Pitou avait vu Catherine rouvrir les yeux et revenir à elle, il n'avait plus été préoccupé, si l'on peut s'exprimer ainsi, que des causes et des suites morales de l'évènement.

Et voilà que le malheur voulait qu'outre les causes et les suites morales, il y eut encore un résultat physique.

Ce résultat physique était une fièvre cérébrale qui s'était déclarée la veille au matin, et qui menaçait de s'élever au plus haut degré d'intensité.

Le docteur Raynal était occupé à combattre cette fièvre cérébrale par tous les moyens qu'employaient en pareil cas les adeptes de l'ancienne médecine, c'est-à-dire par les saignées et les sinapismes.

Mais ce traitement, si actif qu'il fût,

n'avait fait jusque-là que cotoyer, pour ainsi dire, la maladie ; la lutte venait de s'engager à peine entre le mal et le remède : depuis le matin, Catherine était en proie à un violent délire.

Et, sans doute, dans ce délire, la jeune fille disait d'étranges choses ; car, sous prétexte de lui épargner des émotions, le docteur Raynal avait déjà éloigné d'elle sa mère, comme il tentait, en ce moment, d'éloigner son père.

La mère Billot était assise sur un escabeau dans les profondeurs de l'immense cheminée ; elle avait la tête enfoncée entre ses mains, et semblait étrangère à tout ce qui se passait autour d'elle.

Cependant, insensible au bruit de la voiture, aux aboiements des chiens, à l'entrée de Billot dans la cuisine, elle se ranima quand la voix de celui-ci, discutant avec le docteur, alla chercher sa raison, noyée au fond de sa sombre rêverie.

Elle leva la tête, ouvrit les yeux, fixa son regard hébété sur Billot, et s'écria :

— Eh! notre homme!

Et, se levant, elle alla, toute trébuchante et les bras étendus, se jeter contre la poitrine de Billot.

Celui-ci la regarda d'un air effaré, comme s'il la reconnaissait à peine.

— Eh! demanda-t-il, la sueur de l'angoisse au front, que se passe-t-il donc ici?

— Il se passe, dit le docteur Raynal, que votre fille a ce que nous appelons une meningite aiguë, et que, lorsqu'on a cela, de même qu'il ne faut prendre que certaines choses, il ne faut voir que certaines personnes.

— Mais, demanda le père Billot, est-ce que c'est dangereux, cette maladie-là? est-ce que l'on en meurt?

— On meurt de toutes les maladies, quand on est mal soigné, mon cher monsieur Billot; mais laissez-moi soigner votre fille à ma façon, et elle n'en mourra pas.

— Bien vrai, docteur?

— Je réponds d'elle... mais il faut que, d'ici à deux ou trois jours, il n'y ait que moi et les personnes que j'indiquerai qui puissent entrer dans sa chambre.

Billot poussa un soupir; on le crut vaincu ; mais, tentant un dernier effort:

— Ne puis-je, du moins, la voir? demanda-t-il du ton dont un enfant eût demandé une dernière grâce.

— Et, si vous la voyez, si vous l'embrassez, me laisserez-vous trois jours tranquille, et sans rien demander de plus?

— Je vous le jure, docteur!

— Eh bien! venez.

Il ouvrit la porte de la chambre de Catherine, et le père Billot put voir la jeune fille le front ceint d'un bandeau trempé dans de l'eau glacée, l'œil égaré, le visage ardent de fièvre.

Elle prononçait des paroles entrecoupées, et, quand Billot posa ses lèvres pâles et tremblantes sur son front humide, il lui sembla, au milieu de ces paroles incohérentes, saisir le nom d'Isidore.

Sur le seuil de la porte de la cuisine se groupaient la mère Billot, les mains jointes; Pitou se soulevant sur la pointe de ses longs pieds pour regarder par-dessus l'épaule de la fermière; et deux ou trois journaliers qui, se trouvant là, étaient curieux de voir par eux-mêmes comment allait leur jeune maîtresse.

Fidèle à sa promesse, le père Billot se retira lorsqu'il eut embrassé son enfant; seulement, il se retira le sourcil froncé, le regard sombre, et en murmurant:

— Allons, allons, je vois bien qu'en effet, il était temps que je revinsse...

Et il rentra dans la cuisine, où sa femme le suivit machinalement, et où Pitou allait les suivre, quand le docteur le tira par le bas de sa veste et lui dit :

— Ne quitte pas la ferme ; j'ai à te parler.

Pitou se retourna tout étonné, et il allait s'enquérir auprès du docteur à quelle chose il lui pouvait être bon ; mais celui-ci posa mystérieusement et en silence le doigt sur sa bouche.

Pitou demeura donc debout dans la cuisine à l'endroit même où il était, simulant d'une façon plus grotesque que poétique ces dieux antiques qui, les pieds pris dans la pierre, marquaient aux particuliers la limite de leurs champs.

Au bout de cinq minutes, la porte de la chambre de Catherine se rouvrit, et l'on entendit la voix du docteur appelant Pitou.

— Hein ? fit celui-ci, tiré du plus profond du rêve où il paraissait plongé ; que me voulez-vous, monsieur Raynal ?

— Viens aider madame Clément à tenir Catherine, pendant que je vais la saigner une troisième fois.

— Une troisième fois ! murmura la mère Billot ; il va saigner mon enfant pour la troisième fois ! Oh ! mon Dieu ! mon Dieu !

— Femme, femme, murmura Billot d'une voix sévère, tout cela ne serait point arrivé, si vous aviez mieux veillé sur votre enfant !

Et il rentra dans sa chambre, dont il était absent depuis trois mois, tandis que Pitou, élevé au rang d'élève en chirurgie par le docteur Raynal, entrait dans celle de Catherine.

FIN DU CINQUIÈME VOLUME.

TABLE

DU CINQUIÈME VOLUME.

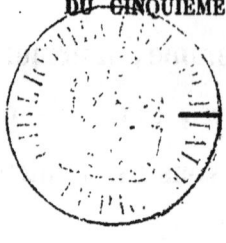

Chap. I. Ce que c'est que le hasard (suite et fin). . 1
II. La machine de M. Guillotin. 24
III. Une soirée au pavillon de Flore. . . . 51
IV. Ce que la reine avait vu dans une carafe, vingt ans auparavant, au château de Taverney. 84
V. Le médecin du corps et le médecin de l'âme. 107
VI. Monsieur désavoue Favras, et le roi prête serment à la Constitution 145
VII. Un gentilhomme. 173
VIII. Où la prédiction de Cagliostro s'accomplit. 205
IX. La place de Grève 225
X. La Monarchie est sauvée. 265
XI. Retour à la Ferme. 295

Sceaux, Impr. de E. Dépée.

EN VENTE

L'INSTITUTRICE, Par EUGÈNE SUE, 4 volumes.

LE BOUT DE L'OREILLE, Par A. DE GONDREÇOURT, 7 volumes.

FAUSTINE ET SYDONIE, Par MADAME CHARLES REYBAUD, 3 volumes.

LES PRINCES D'ÉBÈNE, Par G. DE LA LANDELLE, 5 volumes

GEORGES III, Par LÉON GOZLAN, 3 volumes.

UN CAPRICE DE GRANDE DAME, Par LE MARQUIS DE FOUDRAS,
Nouvelle édition revue et augmentée, 3 vol. in-18, format anglais.

UNE VIEILLE MAITRESSE, Par JULES BARBEY D'AUREVILLY, 3 volumes.

LE CAPITAINE LA CURÉE, Par LE MARQUIS DE FOUDRAS, 4 volumes.

LA FÉE DES GRÈVES, Par PAUL FÉVAL, 3 volumes.

LES OUVRIERS DE PARIS, Par

www.ingramcontent.com/pod-product-compliance
Lightning Source LLC
Chambersburg PA
BHW060629170426
199CB00012B/1488

www.ingramcontent.com/pod-product-compliance
Lightning Source LLC
Chambersburg PA
CBHW060629170426
43199CB00012B/1488